KB263054

 **예배와 삶의 일치**

복음에는 하나님의 의가 나타나서
믿음으로 믿음에 이르게 하나니; 기록된바,
"오직 의인은 믿음으로 말미암아 살리라" 함과 같으니라.

로마서 1 : 17

인간 관계
이렇게 하면 쉬워진다

플로렌스 리토어 지음 | 박 진 호 옮김

비전북출판사

✥ 예배와 삶의 일치

복음에는 하나님의 의가 나타나서

믿음으로 믿음에 이르게 하나니; 기록된바,

"오직 의인은 믿음으로 말미암아 살리라" 함과 같으니라.

로마서 1 : 17

인간 관계 이렇게 하면 쉬워진다

재판 1쇄 인쇄 : 2003년 7월 10일
재판 1쇄 발행 : 2003년 7월 30일

저 자 : 플로렌스 리토어
역 자 : 박진호
발행인 : 이원우 / 발행처 : **비전북출판사**
주 소 : (411-834) 경기도 고양시 일산구 장항동 585-11호
전 화 : (02)966-3090(대) / 팩 스 : (02)3293-6620

E-mail : vsbook@hanmail.net
등록번호 : 제10-1452호

공급인 : 박종태 / 공급처 : **비전북**
전 화 : (031)907-3927 / 팩 스 : (080)403-1004

Copyright ⓒ 2003 **비전북출판사** Printed in Korea
값 8,500원

ISBN 89-87613-00-3 03230

❖ 잘못 만들어진 책은 바꾸어 드립니다.
❖ 본 도서의 내용을 일부 또는 전부를 허락없이 전재, 복사 또는 광전자 매체 수록 등을 할 수 없습니다.

How To Get Along With Difficult People

by

Florence Littauer

차 례

4. 시험 들게 하는 사람들은 우리를 어떻게 보는가? … 137

5. 바울은 어려운 인간관계를 어떻게 풀어 갔는가? … 165

6. 어려운 인간관계를 극복하는 방법 … 183

특별 부록

인간적인 너무나 인간적인 질문

주변에 같이 지내기 까다로운 사람이 많이 있는가?

"내 형제들아 너희가 여러가지 시험을 만나거든 온전히 기쁘게 여기라 이는 너희 믿음의 시련이 인내를 만들어 내는 줄 너희가 앎이라 인내를 온전히 이루라 이는 너희로 온전하고 구비하여 조금도 부족함이 없게 하려 함이라"(약 1 : 2-4).

사전에서 "어려운, 까다로운(dfifficult)"이란 말은 "이해하거나 가까이하기 힘든, 고통스런, 골칫거리인, 당혹스런, 엄한, 고집이 센"이란 뜻으로 정의되어 있다.

혹시 당신 주변에 이렇게 "까다로운"사람이 있는가?

이해하거나 가까이하기 힘든 사람이 있는가?

고통스런 인간 관계에 처해 있는가?

아무것도 아닌 일에 까다롭게 구는 사람이 있는가?

자꾸 귀찮게 하는 이웃이나, 당혹스럽게 하는 친척이 있는가?

엄한 상사나 고집불통인 자녀가 있는가?

우리는 주변에서 이렇게 같이 지내는 데 마음이 불편한 사람들을 알고 있다.

그들을 어떻게 대해야 하는가?

어려운 인간 관계 쉽게 만드는 비결

수년 전 나는 할인 가격으로 통신 주문한 팬티 스타킹 한 상자를 받았다. 거기엔 "약간 흠이 있음(slightly irregular)"이라고 적혀 있었다. 나는 대수롭지 않은 흠일 것이라고 생각하고 그냥 넘어가기로 했다.

11번째 스타킹을 사용할 때까지는 전혀 문제가 없었으나, 마지막 12번째 스타킹을 꺼내는 날 드디어 문제가 생겼다. 앉아서 신으려는데 한 쪽뿐이지 않은가! 팬티 스타킹인데 한 쪽뿐이라니. "약간 흠이 있음"이라고 하기엔 너무 심하지 않은가? 딸 로렌은 "반품하고 새 것으로 교환해요!"라고 얘기했지만 아주 좋은 예화가 될 것 같아 반품하지 않았다.

원만한 대인 관계를 갖는 방법에 대해 강의할 때, 나는 그 팬티 스타킹 얘기를 하고는 그것을 들어올려 보이며 끝을 맺는다. 한 쪽뿐인 팬티 스타킹은 생전 처음 보기 때문에 모두들 웃는다.

그러면 나는 "이것을 '약간 흠이 있음'이라고 말하기엔 심하지 않습니까?"라고 묻는다. 그들이 고개를 끄덕일 때쯤 "여러분 가운데는 이 팬티 스타킹처럼 약간의 흠이 있는 사람들을 알고 있는 분들이 있을 것입니다."라고 말하면 사람들은 술렁대기 시작한다. "아마 여러분 중에는 그런 사람들과 결혼해 살고 있는 사람도 있을 것입니다."라고 애기하면 여기저기서 신음 비명 소리가 새어나오곤 한다.

이 "약간 흠이 있음"이라고 표기된 팬티 스타킹이 암시하는 것은 우리가 알고 있는 사람들 중에는 "약간 흠이 있음"보다 더 심한 사람들이 분명히 있다는 것이다.

조이스 랜드로프(Joyce Landorf)는 내 스타킹을 본 적은 없지만 「흠이 있는 사람들(Irregular People)」이라는 책을 쓴 적이 있다. 흠이 있는 사람들이란 사이좋게 지내기 힘든 사람들을 의미한다.

그들은 다른 사람들의 재능, 기술, 장점 등을 보지 못하는 사람들이므로 감성적으로 소경이다. 절대로 상대방을 칭찬하거나 후하게 봐주는 법이 없고 항상 제3자를 더 좋게 이야기한다. 그들은 또한 감성적으로 귀머거리다. 상대방이 이야기하는 것을 귀담아 듣지 않고 듣기 좋은 이야기만 골라 듣기 때문이다.

그들은 비뚤어진 말투로 엉뚱한 시점에서 엉뚱한 이야기를 한다. "미안합니다!" "내 잘못입니다!" "당신이 옳습니다!" 등의 이야기는 전혀 할 줄 모르는 사람들인 것이다.

이들은 분명 **흠이 있는 사람**들이어서 우리를 종종 시험 들게 한다. 조이스는 앞서 말한 책에서 우리가 그 "약간의 흠"이 있는 사람들을 잘 관찰해서 어떻게 하면 그 **까다롭게 하는 사람**들과 잘 지낼 수 있는지에 대해 아주 명쾌하게 다루고 있다.

나는 이 책을 통해 다음과 같은 문제들을 여러분과 나누고자 한다.

그들은 과연 어떤 사람들인가?
그들은 왜 그렇게 되었는가?
그들이 필요로 하는 것은 무엇인가?
우리는 그들을 어떻게 대할 것인가?

다른 사람들과 사이좋게 지내는 비결은 다른 사람들이 필요로 하는 것을 알아내서 기꺼이 그것을 채워 주는 것이다!

시험들게 하는 사람들은 누구인가 ?

시험들게 하는 사람들은 누구인가?

누구든지 같이 지내기 어려운 사람을 몇 사람 정도는 알고 있다. 그들은 어디에나 있다. 과연 그들은 어떤 사람들인가? 그들을 뭉뚱그려 얘기하기보다는 교회에서 흔히 만날 수 있는 이런저런 사람들로 가상하여 그들의 성격을 분석해 보기로 하자. 셰익스피어도 이렇게 말하지 않았는가.

세상은 연극 무대고 남자와 여자는 모두 배우일 뿐이다. 그들은 자신의 무대 출입구가 어딘지 안다. 사람은 자기 인생에서 여러 역할을 연기한다.[1]

저 큰 하늘을 TV 화면이라 가정하고 우수 프로그램으로 상을 받은 외면하는 세상이라는 기독교 프로그램에 채널을 맞춰 보자. 크리스털 코비넌트찬양단의 주제곡이 흐르면서 프로그램은 시작된다.

---

1. 셰익스피어 희곡 「당신 뜻대로」 3장

오라, 오라, 오라, 오라

그 산골짜기의 교회로 오라

그 계곡의 교회로 오라

내 어린 시절의 교회만큼 그리운 교회는 없네

그 산골짜기의 그 작은 갈색 교회

사회자 태미 토크(Tammy Talk)가 떨리는 목소리로 이야기를 시작한다.

"감사합니다, 감사합니다. 오늘도 이 프로그램을 시청하시는 여러분, 감사합니다. 현재 크게 부흥하고 있는 빅브라운교회(Big Brown Church)가 여러분의 아낌 없는 기부금으로 지어지기 전인 '골짜기의 작은 갈색 교회'에서 예배드릴 때부터 여기 계신 많은 분들이 저희와 함께 해 주셨습니다. 여러분은 초대 담임 목사인 바울 퍼펙트(Paul Perfect)가 노심초사하며 교회를 개척하던 그 처량하고 어려웠던 때를 기억하실 것입니다. 여러분도 하나님의 풍성하신 예비하심을 호소한 그의 간청에 응답한 수많은 사람들 중 한 사람일지 모릅니다. 또한 건축 헌금으로 10,000달러를 기부하여 뱀가죽 겉장에 모조 다이아몬드로 이름을 아로새긴 성경을 무료로 받았던 많은 사람들처럼 될 수 있습니다. 원하신다면 벽돌 한 장을 500달러에 사거나, 1,000달러를 지불한 사람처럼 벽돌 한 장에 자기 이름을 새겨 원하는 곳에 부착시킬 수도 있습니다. 많은 시청자들이 작정하신 헌금을 충실하게 내주셨고 격려 카드와 편지도 잊지 않고 보내 주십니다. 이번 달의 새로운 재정 계획에 따르면 설립자 리틀 브라운(Little Brown) 씨의 딸 이름을 따서, 헬렌 브라운 라이스(Helen Brown Rice)라고 명명된 전망 좋은 노인 전용 콘도미니엄을 여러분 명의로 계약하실 수도 있습니다. 지금부터 선착순 100분에게는, 감사 선물로 기도할 때 쓸 수 있는 고급 진주 십자가를 드리겠습니다. 늦기 전에 노인들을 위해 설계된 좌석을 확보하는 첫번째 사람이 되십시오."

자, 이제 분석해 볼 차례다. 먼저 바울 퍼펙트 목사가 많은 노력 끝에 부유한 사람들로 가득 찬 힘있는 교회를 일으켜 세웠고, 후에 명성에 걸맞게 유명한 신학대학원장 자리까지 올랐다는 사실을 기억하라. 그 후, 목사 청빙위원회는 훌륭한 인격과 리더십을 갖춘 새 담임 목사를 물색하던 중 산상 설교에 능통한 샘 설몬(Sam Sermon)[2]을 선택했음을 잊지 말자.

빅브라운교회는 자랑스런 교인들로 가득 차 있다. 그들은 흠이 없고, 악의가 없으며 죄도 없다. 비록 몇몇 성가신 사람들이 간혹 끼어들긴 하지만 교회는 내부적으로 문제가 있는 사람은 성도로 받아드릴 수 없다고 규정하고 있다.

---

2. sermon : 설교, 길고 지루한 이야기/후에 소개되겠으나 샘 설몬 목사의 설교를 한번이라도 들어본 사람은 그의 이름이 'sermon'의 뜻 중 후자의 의미에 가깝다는 것을 금방 알게 될 것이다.

샐리 스피리츄얼

바울 퍼펙트가 담임 목사였을 동안 교회는 순수성을 유지했으나 샘 설몬 목사가 온 후로는 헌금만 하면 누가 교회 일원이 되든 상관하지 않는 분위기였다. 샐리 스피리츄얼(Sally Spiritual)[3]은 "우리는 그에게 되로 주었는데 그는 말로 받는다"고 말한다. 샐리는 항상 누구나 공감하는 지혜로운 말을 하는 자매다. 그녀는 교회 본당이 제대로 정돈되어 있는지 점검하기 위해 주일이면 언제나 가장 먼저 나온다. 교회 일을 분담해 보려고도 했지만 그녀 생각엔 아무도 제대로 하지 않는 것 같다.

그녀는 광주리에 붉은 사과를 들고 있는 아담과 하와를 금색으로 수놓은 연두색 제단 덮개를 직접 만들었다. 샐리는 언제나 방문객들에게 이 독창적인 자수가 상징하는 것을 설명하기 좋아한다. 즉 죄를 한 번 짓기 시작하면 순식간에 한 광주리 가득 차게 될 것이라고.

그녀의 할아버지인 실라스 스피리츄얼(Silas Spiritual)이 1902년에 교회를 짓고 오르간이 설치되던 날부터 어머니 새디 스피리츄얼(Sadie Spiritual)이 지방연합회의 노인 성경 암송대회에서 우승한 다음날 갑자기 돌아가실 때까지, 그녀는 교회 오르간 연주자였기 때문에 교회를 안내하고 설명할 수 있는 유일한 존재였다.

---

3. spiritual : 영적인, 종교적인./세상 생활은 무시하고 오직 종교 생활에만 집착하는 사람이라는 뜻으로 쓴 풍자적 의미.

이번 주일 아침의 모습을 보라. 당신은 교회 문을 열기 위해 제일 먼저 도착한 샐리를 만날 수 있을 것이다. 그녀는 항상 "부지런한 새가 가장 큰 벌레를 잡는다"고 말한다. 샐리는 평소와 마찬가지로 머리부터 발끝까지 엄숙하고 거룩한 분위기를 풍기는 검정 옷으로 치장했다. 그녀의 고전적인 모자는 검소한 들백합화로 장식되어 있고 천으로 적절하게 감싸여 있다. 주일학교 부장인 샐리는 걸맞는 검은 가죽 성경과 성경 색인부를 항상 들고 다닌다. 샐리의 유일한 보석 장신구는 불신자들이라도 그녀가 독실한 크리스천인 줄 금방 알아볼 만큼 커다란 십자가다.

샐리는 기억할 수 있을 때부터 신자였고 어릴 때부터 아주 신앙적이었다. 결코 세상적인 소유에 욕심이 없었고 육신의 정욕에 유혹된 적도 없다. 담배나 술은 일절하지 않고 거짓 맹세나 험담을 한 적도 없다. 포커는 손에 대지도 않을 뿐만 아니라 주일에는 바느질도 하지 않는다. 솔직히 샐리는 교인들이 죄를 짓는다는 데 늘 충격받으며, 중국의 많은 이교도들과 타락한 친구들을 위해 늘 기도한다.

샐리는 금세기 영적으로 위대한 인물들을 알고 있으며, 그녀의 어머니가 빌리 그레이엄(Billy Graham)의 조카와 데이트한 일과, 조부가 D. L. 무디(D. L. Moody)의 가게에서 신발을 샀던 일을 얘기하기 좋아한다. 주일학교 연합회에서 조이스 랜도르프(Joyce Landorf)와 같은 엘리베이터에 타고 있는 것을 알고 눈물을 흘렸으나 너무 감격하는 바람에 그녀의 친필 서명을 받는 것을 깜빡 잊어버렸을 정도였다는 이야기도 덧붙이면서.

그녀는 "고양이가 멀리 있을 때 쥐들이 설친다"고 입버릇처럼 말하며 많은 시간을 교회 일로 보낸다.

월요일 저녁에는 경건 생활의 영적 즐거움에 대한 담임 목사의 성경 공부반에 출석하고, 화요일 저녁은 자신이 회장으로 있는 프루디시 프리실라(Prudish Priscilla)선교회[4]에 참석한다. 수요일 저녁에는 "힌두교도들에게도 구원이 있는가?"라는 제목의 해외 선교를 위한 중보 기도 모임에 가기 바쁘다.

목요일에는 지휘자 마빈 뮤직(Marvin Music)이 성탄절 칸타타로 쓰기 위해 유행가에 영적인 가사를 붙인 헬로 돌리(Hello Dolly) 악보를 대원들에게 나눠 주려고 연습 시간보다 일찍 교회에 가야 한다. 금요일에는 여학생들의 포트락 파티(potluck party)[5]와 찬양 모임에 쓸 찜냄비 요리를 만들어야 하며, 토요일 저녁에는 십대들의 타코(Tacco)[6]와 건초마차 야외 예배에 따라가 시중들어야 한다.

주일은 그녀에게 가장 바쁜 날이다. 친교를 위한 다과 모임에 쓸 쿠키를 굽기 위해 아침 일찍 일어난다. 교회의 모든 문과 벽장을 열 수 있는 열쇠 꾸러미를 자신만이 갖고 있기 때문에 그녀는 교회에서 약방의 감초 격이다.

---

4. prudish : 숙녀인 체하는/신앙이 좋은 숙녀인 체하는 여자들의 모임을 풍자함.
5. potluck party : 각자가 특별한 요리를 준비하거나 먹을 음식을 가져와 서로 나눠 먹는 친교모임.
6. Tacco : 대표적인 멕시코 음식의 한 종류.

덜그럭거리며 허리띠에서 열쇠 꾸러미를 끌러 삼촌 크리에이티브(Creative)가 손으로 조각한 교회의 높은 아치문을 여는 그녀의 모습을 보라. 그녀는 곧바로 소예배당 의자들을 정리하고 나서 성가대 가운 옷장을 연다.

어떤 사람들이 샐리 혼자만 그렇게 많은 책임을 져서는 안 된다고 말하면 그녀는 항상 이렇게 반문한다. "교회 설립자의 손녀로서 맡은 일을 도대체 누구에게 부탁한단 말이에요?"

샐리의 삶은 온통 교회에 헌신돼 있고, 빌레몬서를 완벽하게 암송할 수 있는데도 사람들은 그녀를 부담스럽게 생각한다.

마빈 뮤직 지휘자

샐리는 빈 교회당에서 누가 자기를 부르는 소리에 깜짝 놀란다. 오르간과 찬양대 캐비닛의 열쇠를 찾는 마빈 뮤직이다. 샐리는 오르간 뚜껑을 열면서 마빈에게 말한다.

"어머니가 갑자기 돌아가시기 전까지만 해도 이 오르간을 연주했었는데…."

"예, 들었습니다."

건성으로 대답하는 마빈. 사실 마빈은 그런 하찮은 얘기를 들을 시간이 없다.

샐리는 마빈을 유심히 바라본다. 많은 일에 매여 있으면서도 언제나 옷은 정말 잘 차려 입는다고 생각하면서. 실제로 마빈은 완벽주의자다. 조끼가 딸린 가는 줄무늬 정장은 중후한 멋을 풍기고, 와이셔츠는 너무 풀을 먹여 벗어놔도 저절로 빳빳하게 서 있을 정도며, 넥타이는 "낡고 오래된 십자가"의 첫줄 악보로 장식되어 있다.

마빈은 주머니에 가는 심, 중간 심, 굵은 심 이렇게 세 종류의 검정 펜을 항상 휴대하고 다닌다. 접을 수 있는 지휘봉과 막대기, 어두운 데서 지휘해야 할 때를 대비한 기다란 펜 모양의 회중 전등도 그가 가지고 다니는 것들 중의 하나다.

마빈은 어떠한 최악의 재난에도 대응할 준비가 되어 있다. 그는 성탄절까지의 교회 음악 계획을 미리 마련하고 있으며, 자신이 할 가치가 있다고 생각하는 일이라면 그 일은 분명히 옳은 일이라고 생각한다.

그런데 담임 목사 샘 설몬을 보자. 그는 사람이 너무 규모가 없어 예배 순서를 심심찮게 바꾸고 그에 따라 마빈이 맞춰 주길 바라기 때문에 마빈은 그를 아주 싫어한다. 예술가는 미리 생각하고 계획하는 사람들이다. 그래서 일주일 내내 연습했던 것을 마지막 순간에 바꾼다는 것은 있을 수 없는 일이다. 이것이 마빈의 신조다.

마빈은 항상 경우 바르지만 사람들은 그를 부담스러워한다.

샘 설몬 담임 목사

샘 설몬은 찬양대 지휘자 석에 있는 마빈이 화들짝 놀랄 정도로 갑작스레 불규칙 화음을 내면서 강대상으로 뛰어오른다. 그는 언제나 마빈에게 제멋대로 대하기 때문에 마빈으로서는 도저히 함께 일하기 싫은 상대다.

샘은 오늘 아침에도 자동차 연료가 다 떨어져 중도에서 걸어왔다. 맥도널드 햄버거 가게에서 두 살난 아들에게 계란 컵케익을 사줄 때 생각나는 대로 냅킨에다 갈겨 쓴 설교 원고를 찾을 때는 손가방 속의 온갖 잡동사니들을 어지럽게 강대상 위에 벌여 놓는다. 샘은 자세한 원고는 오히려 설교를 혼란스럽게 만든다고 믿기 때문에 설교의 반 이상을 즉석에서 생각나는 대로 해버린다. 그래도 결코 엉망으로 망쳐 놓지는 않는다.

샘의 머리카락은 방금 벽에서 삐져나온 찔레꽃 덤불 모양을 하고 있고, 초록색 넥타이는 구겨져 있다. 빨강, 검정, 흰색 체크 무늬가 있는 치렁치렁한 그의 상의를 보지 못한 사람은 교인 중 단 한 명도 없으리라.

샘은 어려서부터 목사님이 검정 가운만 입는 교회를 다녔기 때문에 만약 자기가 목회를 한다면 교인들을 편하게 해 주기 위해 밝은 색 옷을 입겠다고 아주 오래 전부터 맹세했었다.

샘을 바라보기만 해도 짜증이 난 마빈이 오르간의 높은 음을 두드린다. 샘은 깜짝 놀라 설교가 적힌 냅킨을 물컵으로 두드리면서 고함을 지른다.

"내 설교를 망칠 셈인가?"

마빈은 속으로 중얼거린다.

'설교를 망친 적이 어디 한두 번이야?'

마빈은 샘이 언제쯤 성숙해질지 의문이다. 그는 기껏해야 대학 시절까지만 성공적이었을 것 같고 그 이후는 도저히 최선을 다해 사는 것 같지 않다. 샘은 숫자 개념이 전혀 없기 때문에 은행 잔고를 점검하는 것이 시간 낭비라고 생각한다. "잔고가 있든지 없든지 상관할 바 있나?"라면서 낄낄거린다. 그러나 대개는 잔고가 없다. 샘은 항상 돈이 궁해 식당 종업원이 계산서를 가져올 때면 화장실로 사라지곤 한다. 같이 간 친구들에게 "하나님께서는 기꺼이 바치는 자를 사랑하시지"라고 큰소리치면서.

샘이 자기 아이들을 샌디에고 동물원에 데려가기 위해 세계 기아 구호기금을 전용한 사실을 안 회계 집사가 사임했지만 왜 그만두었는지 그는 아직도 이해하지 못하고 있다.

마빈은 속으로 이렇게 생각한다.

'샘의 설교는 재미는 있지만 매번 요점이 없고 너무 장황해. 게다가 설교를 길게 할 때는 찬양을 줄이라고 한단 말이야.'

샘은 사람들을 사랑하고 포옹하길 즐기지만 그들의 이름을 기억하는 법은 없다.

"뭐가 문제야? 그냥 '허니(honey)' 하고 부르면 다들 좋아하는데."

대개의 사람들은 샘이 생각하는 대로지만 그래도 마빈처럼 샘 때문에 시험에 드는 사람들도 있다.

조이스 저징 반주자

담임 목사와 성도들을 가장 많이 비평하는 교인은 대대로 경건한 신앙 집안 출신인 조이스 저징(Joyce Judging)[7]이다.

조이스의 경우, 신앙 생활이란 다른 사람에게 금지시킬 항목이 적힌 기다란 목록표를 갖고 다니는 것이며, 하나님께서 자기를 지역 사회의 파수꾼으로 임명했다고 믿고 있다. 조이스는 성경의 가르침에 해박하기 때문에 나쁜 사람들을 깨우쳐 자기를 닮아 착해지도록 이끌어야 한다고 굳게 믿는다. 성령의 은사를 가르치며, 어떻게 자기가 다른 사람들을 바르게 인도해야 할 은사를 받았는지 이야기하길 좋아한다.

하나님께서 자기를 어떻게 텔아비브 뒷골목의 한 전당포로 인도하셔서 모세의 십계명 하지 말지어다가 적힌 석판 골동품을 발견하게 했는지 신나게 얘기하곤 한다. 그녀는 그것을 아이들이 좁지만 바른 길에서 벗어나지 않게 깨우치는 말씀으로 벽난로 장식장 위에 언제나 잘 볼 수 있도록 얹어 놓았다.

오늘 아침도 평소와 다름없이 자기의 순수성을 과시하기 위해 순박해 보이는 흰색 옷을 입고 있다. 그녀의 병약한 남편이 복도를 따라 그녀를 뒤쫓아오는 모습을 보라. 조이스는 기도 모임에서 남편이 사실은 신자가 아니라고 자주 떠벌린다. 또 아이들에게도 "아빠는 우리와

---

7. judging : 판단하는, 비판하는／매사 비판하기 좋아하는 사람이라는 뜻으로 쓴 풍자적 이름.

는 다른 사람이야!"라고 말하곤 한다.

조이스는 남편보다 하나님의 율법을 훨씬 많이 알고 있는 자신이 남편의 결점을 깨우쳐 주어야 한다고 생각한다. 그가 얼마나 비참한 죄인인가를 끊임없이 지적하고, 집에서도 편히 쉬게 놔두질 않으며, 매일 그의 습관이 천국에 대한 소망에 장애가 된다고 잔소리한다. 부부 사이의 문제점은 순전히 남편의 잘못에 있기 때문에, 그가 바르게 되어야 결혼 생활이 행복해 질 수 있다고 생각한다.

조이스는 교인들을 가장 잘 관찰할 수 있는 장소에 오르간이 놓여져 있다는 이유만으로 주일날 오르간 반주를 한다. 왼쪽 어깨 너머에 있는 잘 보이지 않는 사람들을 보기 위해 거울을 오르간 위에 올려 놓았다. 조이스는 마빈에게 말한다.

"아무도 자기를 쳐다보는 사람이 없다고 생각하는 사람들이 무얼 하고 있는지 엿보는 것은 정말 즐거운 일이에요!"

조이스는 마빈에게는 많은 것을 털어놓는다. 그녀는 남편이 병약하기 때문에 만약의 경우에 대비해서 차선의 대응책을 궁리해 놓는 것이 현명하다고 믿는다.

조이스는 항상 새로운 사실들에 관심이 많아, 오늘 오후에도 "갱년기 위기를 위한 음악"이란 심포지엄에 마빈과 찬양대원들과 함께 참석할 예정이다. 조이스는 "신자의 내적 삶", "신자의 외적 삶", "신자의 고귀한 삶"이란 세 강의를 듣고 있다. 그녀는 유아 세례를 받았고, 죄를 고백했고, 교리 문답을 받았으며, 입교[8]를 거쳤으며, 성령의 은사까지 받았지만 그녀가 이제껏 받은 모든 훈련은 남들을 정죄하는 데 쓰이는 더 엄격한 잣대만 마련해 준 형국이다.

조이스는 신실하고 학구적이고, 표면적으로는 죄가 없으나 바로 그 뛰어난 부분들 때문에 그녀를 부담스럽게 여기는 사람들이 있다.

밥 보시 박사

예배 시작 15분 전, 밥 보시(Bob Bossy)[9] 박사는 벤츠 승용차를 교회 앞까지 몰고와 정문 바로 옆에 주차한다. 그는 "주차 금지" 표시가 자기의 전용 주차 장소에 남들이 주차하지 못하도록 하는 것이라고 생각한다. 사람들은 그가 시내에서 가장 바쁜 의사고 그래서 언제라도 급히 출발할 수 있는 장소에 그의 차가 있어야 한다고 알고 있다. "이 천지간 만물들아"라는 마지막 찬송가와 축도 중간에라도 혹시 있을지 모를 임산부의 긴급 연락을 받아야 하므로 그는 목에 핸드폰을 걸고 있다. 그러나 예배가 길어지거나 지루한 모임에서 빠지려 할 때는 자기가 직접 호출 전화가 오도록 만든다는 사실은 아무도 모른다. 호출 전화를 받은 박사는 심각한 얼굴을 한 채 주차해 놓은 차를 타고 정문을 급히 빠져나간다.

사람들은 보시 박사의 부지런한 생활 태도에 감명을 받고, 샘 설몬

---

8. 입교 : 유아 세례 후 성찬식에 참여하는 자격을 인정받을 신도들이 받는 교회 예식.
9. bossy : 항상 앞장서고 대장을 맡아야 직성이 풀리는 인물이므로 보스(boss : 두목에 빗댄 이름).

목사는 그의 돈과 신용에 감동을 받는다. 단 한 통의 전화로 교인 휴게실을 농구 코트로 바꾸고, 길 건너 침례교회보다 더 높은 첨탑을 올릴 수 있을 만큼 충분한 돈을 은행에서 대출받을 수 있게 한다.

샘 목사는 그를 장로회 회장으로 임명했으며, 회장인 그가 한 첫 번째 일은 모든 사람의 업무를 구분하는 큰 차트를 작성한 것이었다. 장로회에 수년 간 소속되어 있던 몇몇 사람들은 그들에게 많은 책임이 할당되어 있음을 발견하고 놀란다. 그는 "이제 교회를 회사처럼 능률적으로 경영할 때입니다. 균형 흑자 예산을 확보할 때까지는 냉방 비용과 성도 교제 비용을 줄여야 합니다"라고 제직회에서 발언했다.

밥 보시 박사는 예산 수지 균형을 맞추느라고 바쁘지만 가족과 친구들을 돌볼 여유는 없어 그를 부담스러워하는 사람들도 있다.

데비 디프레스드

우리가 살펴본 바에 의하면, 보시 박사는 돈가방을 들고 있고, 조이스 저징은 오르간을 연주하고, 마빈 뮤직은 찬송가와 씨름하며, 샐리 스피리츄얼은 천으로 된 칠판을 닦고 있고, 샘 설몬은 설교 원고를 고치고 있다.

이제 소개할 데비 디프레스드(Debbie Depressed)[10]는 군데군데 찌

---

10. depressed : 의기소침한, 우울한/세상의 고뇌를 다 짊어진듯 항상 우울하고 짜증이 많은 사람을 빗댄 이름.

그러지고 낡은 차를 몰고 다닌다. 그녀가 성가대석 통로를 걸어 올라갈 때면 인간적 고뇌가 몸 전체에서 우러나오는 듯하다. 그녀는 찬송을 부르지도 못할 정도로 지쳐 있지만, 사람들이 수근거릴 것이 두려워 집에서 쉬지도 못한다. 실제로 그럴 것이 뻔하지 않은가? 데비는 매사에 우유부단하고, 친구들이 무얼 부탁하면 그 문제로 몇 주 동안 기도에 매달린다. 데비에게는 뭐 하나 제대로 되는 것이 없다. 가족들 가운데서도 미운 오리 새끼 격이다. 아버지는 아들을 원했고 어머니 역시 그녀를 좋아한 적이 없다.

데비는 종종 너무 피곤해 옷을 걸치지도 못할 지경이다. 그래서 그녀가 가장 좋아하는 성경 구절은 욥기 10 : 1인 "내 영혼이 살기에 곤비하니…"라는 말씀이다. 데비는 아주 사소한 일에도 극도로 예민하다. 그녀는 몸무게로 고민하지만 너무 지쳐서 밀크쉐이크에라도 빠져 죽기를 소원할 정도라 살 빼기 운동은 생각조차 못한다. 그녀는 불룩한 허리를 감추기 위해 언제나 꽃무늬의 하와이식 부인복을 입고 있어 매일처럼 하와이 파티에 참석하는 것 같다.

그녀는 항상 집안일 때문에 골치를 썩는다. 구겨진 빨래가 바구니에 가득 차 있지만 다림질을 할 줄 모른다. 하루는 온 집안을 대청소하려고 마음 먹었으나 "봐줄 사람도 없는데…" 하며 그만둬 버렸다. 거의 하루 종일 커텐을 치고 전화가 와도 받지 않는다. 외로워서 눈물을 지을지언정 사람들을 만나려 하지는 않는다. 그녀는 항상 상담자를 구하고 있어 누구라도 들어만 준다면 자기의 절망 상태를 호소한다. 바로 지난주 빌리 브라가트(Billy Braggart) 복음 전도자의 부흥 집회 때 매일 저녁 자기 자신을 주님께 헌신했건만 별로 나아진 것 같지 않다.

데비는 자주 아프다고 호소하지만 의사는 별다른 이상을 발견하지 못한다. 남편은 모든 것이 신경성이라고 하지만 그녀는 "아무도 내가 어떤지 자세하게 알려고 하지 않아"라며 못마땅해 한다. 데비는 원기를 회복시켜 주는 약과 감소시켜 주는 약을 둘 다 가지고 있어 증상에 따라 두 가지를 번갈아 먹곤 한다. 매일 오후 TV 연속극을 보는데, **종합병원** 시리즈를 보다 보면 언젠가 자신이 나을 것이라고 소망한다. 바로 어제도 샘 설몬 목사에게 그녀는 이렇게 말했다.

"정말 죽을 것 같았어요. 그런데 아무도 내 장례식에 올 것 같지 않아 걱정이 됐어요!"

데비를 안쓰럽게 생각하는 사람도 있지만 부담스러워하는 사람도 많다.

해리엇 허리

자, 이제 성가대 가운을 크리스천 디오르 조깅복과 나이키 조깅화 위에 벗어던지는 해리엇 허리(Harriet Hurry)[11]를 살펴볼 차례다. 아주 유능한 숙녀인 해리엇이 그 바쁜 가운데도 시간을 쪼개어 장애자구

---

11. hurry : 서두르다, 재촉하다/성미가 급하고 바쁘게 모든 일에 참여해야 만족해 하는 사람들을 빗댄 풍자적 이름.

제회 책임 간사, 이교도선교회 이사, 현대위기위원회 위원과 기독교 조깅모임 회장직들을 잘도 수행하는 걸 보면 신기할 정도다. 그녀는 종종 모임에 늦게 나타나서 극적인 보고를 해 놓고 부랴부랴 다음 모임에 참석하기 위해 사라지곤 한다. 해리엇이 늘 하는 타령은 "늦었네, 또 늦었네, 중요한 모임에…"다.

해리엇은 세상을 자기 어깨에 다 걸머진 양 각종 모임에 하도 열심이라, 남편은 그녀를 "고독한 구세주"라고 부른다. 그녀는 매주 월요일 오전을 주간 일정표 조정에 다 보내고, 매일 아침 하루의 스케줄을 주의 깊게 점검한다. 그녀를 점심에 한번 초대하려면 내년 이맘 때까지는 기다려야 할 것이다.

해리엇은 뭔가 하고 있지 않으면 직성이 안 풀린다. 할 일이 없으면 만들어서라도 한다. 끊임없이 가구를 재배치하고, 거실을 다시 장식하고, 집을 새로 단장한다. 해리엇은 친구들과 가족들이 모두 게으르다고 생각하기 때문에 언제나 그들을 재촉하고 스톱워치를 갖고 다니면서 아이들이 스스로 해야 할 세세한 일들을 효율적으로 처리하도록 쉴 새 없이 독려한다.

해리엇은 너무 바빠서 남에게 진정한 친구가 될 틈을 안 주고, 또 뭔가 깊이 생각할 여유도 없다. 그러나 언젠가는 그녀에게도 성경 공부를 할 짬이 생길 것이다. 언젠가는 아이들을 돌보고, 차분히 요리할 시간도 갖게 될 것이다. 그렇지만 그때까지 가족 모두는 전자 레인지용 냉동 식품이나 영양가가 부족한 요리로 식사를 때워야 할 것이다.

해리엇은 교회에서 어느 누구보다 정해진 시간 안에 가장 많은 일을 할 수 있지만 그녀를 부담스럽게 생각하는 사람들도 상당히 있다.

마르다 마티르

마르다 마티르(Martha Martyr)[12]가 컵을 들고 나오고 있다. 그릇을 깨끗이 씻는 일이 주일날 그녀가 하는 일이고, 그녀는 그 일을 매우 소중하게 여긴다. 매주일 마르다는 교회 남자들이 자기에게 음욕을 품지 못하도록 목을 가리는 구식 드레스를 입는다. 속되게 보이지 않으려고 절대 화장하는 법이 없으며, 경박하게 보일까봐 웃지도 않는다. 마르다는 크리스천의 삶이란 극도의 자기 절제와 남을 위한 봉사여야 한다고 생각한다. 그녀는 떨어질 때를 대비해 여분의 걸레, 양동이, 천, 청소기들을 집에 미리 마련해 둔다. 마르다는 최신 유행에는 관심이 없지만 항상 단정한 차림으로 교회의 어떤 일에도 봉사할 각오가 되어 있다.

심한 편두통이 있었는데도 불구하고 담임 목사의 갓 태어난 아기 기저귀를 몽땅 빨아준 이야기를 할 때면 언제든지 하던 일을 멈추고 신바람이 나는 마르다. 여자 집사로는 유일하게 교회 지하실 바닥을 문지르며, 교회 행사가 있을 때마다 마지막까지 남아 설거지를 한다. 마

---

12. martyr : 순교자, 희생자 / 교회와 가정에 너무 헌신적이라는 풍자적 의미

르다가 씻은 접시는 얼굴이 훤히 비칠 정도로 반짝거린다. 교회에 집회차 방문하는 모든 사역자의 접대를 다른 사람들은 별로 원하지 않기 때문에 마르다가 도맡아 한다. 그녀는 그들이 다음 집회 예정지로 떠나기 전에 혹시 탈이라도 날까 봐 아주 검소한 음식으로 대접하고, 자신보다 훨씬 잘 차려 입은 그 사역자들을 위해 헌옷을 수집한다. 헌신적인 주부 마르다는, 쉴 새 없이 가구를 닦거나 친구들의 옷에서 실보푸라기를 털어낸다.

그녀는 사람이 앉았다 일어나자마자 기댔던 소파의 쿠션을 두드려 다시 부풀게 하며, 어느 집에 가든 사진틀을 똑바로 잡으려 한다. 요리하길 좋아해 최근 자신만의 비법으로 절임 요리를 40병이나 담갔다. 뚱뚱한 그녀의 아이들은 마지막 숟가락까지 다 먹어 치우지 않고는 식탁을 떠나지 못한다. 누구라도 식사를 남길 기세를 보이면 굶어 죽어 가는 불쌍한 아프리카 아이들에 대해 한참 동안 이야기한다.

마르다는 남편의 주위를 맴돌며 쉬지 않고 포크를 건네 주고, 고기를 잘라 주며, 남편을 잘 섬기지 않는 자기 친구들에 대한 험담을 잔뜩 늘어놓는다. 남편의 속옷은 반드시 표백해야 하며, 구멍난 양말을 기워 신을 뿐만 아니라 다림질이 필요 없는 셔츠까지도 다린다.

마르다는 자기가 얼마나 열심히 일하는지, 얼마나 고상한 엄마인지에 대해 자랑하길 좋아한다. 솔직히 자기의 극성에 스스로도 싫증이 나서 한숨짓지만, 다른 한편으로는 아이들이 스스로 일을 하도록 훈련시키는 것보다 자신이 먼지를 덮어쓴 채 죽는 것이 낫다는 신념으로 열심이다.

교회에서 아무도 거들떠보지 않은 일을 해 놓고는 샘 설몬 목사에게 교인들 앞에서 자기를 창찬해 달라고 말한다. 마르다는 끊임없이 사람들로부터, 그것도 명망 있는 사람들로부터 인정받기를 좋아한다. 평상시 마르다의 기분은 양극단으로 심하게 오가는 것 같다. 한순간 세상의 온갖 근심 걱정으로 번민하다가도 다음 순간 과거에 있었던 개인적인 일들을 그럴싸하게 끄집어내 놓기 시작한다. 친구들에게 수없이 털어놓았던 어릴 적 얘기를 또다시 꺼낸다. 친구들과 식사할 때마다 그녀는 배고팠던 시절 얘기를 자꾸 꺼내어 사람들로 하여금 공연히 죄의식을 느끼게 만든다.

회오리바람이 집을 덮치기 바로 전 날, 술주정뱅이 아버지가 폐결핵 환자인 어머니와 11명의 아이들을 남겨둔 채 동네 창녀와 도망쳐버린 일에 대해 간증할 때면 교회 부녀자들마저 눈물짓는다.

마르다의 극성은 세세한 데까지 교회 일을 많이 하는 것으로 나타난다. 마르다 마티르가 없다면 교회 일이 진행이 되지 않을 정도지만, 그녀를 부담스러워하는 사람들이 있기는 마찬가지다.

래리 레이지

예배 시간이 거의 다 됐는데도 주보를 나눠 줘야 할 래리 레이지(Larry Lazy)[13]는 아직도 나타나지 않는다. 래리는 교회 활동하는 것을 결코 좋아하지 않지만 다른 사람들이 어떻게 일하고 있는지는 잘 아는 사람이다. 그는 제일 손쉬운 일처럼 보여서 한 달에 한 번씩 일찍 와서 안내일을 맡기로 했다. 교인이라면 당연히 소속 교회의 일을 해야 하지 않는가! 래리는 어떤 교회 프로그램에도 열성을 내는 법이 없다. 교회 첨탑을 세우기 위해 모든 남자 교인들이 하루씩 봉사할 때 자기더러 나오라고 하면 교회를 떠나겠다고 위협하기조차 했다.

그렇다고 그가 바쁜 일이 많은 것도 아니다. 집에 오면 소파에서 리모콘을 든 채 하루 종일 TV만 본다고 그의 부인은 지난주 한 모임에서 털어 놓았다. 잔디는 창문 턱까지 자라 있고, 바깥 외벽의 담쟁이는 깨진 창 틈새로 기어들어올 정도다. 래리는 로봇 잔디 깎기 기계가 나올 때까지 기다릴 작정이며, 기어들어온 덩굴은 보기에 좋을 뿐 아니라 물을 안 줘도 돼서 좋다고 말한다. 지난 주 기와 한 장이 아기 침대 위로 떨어졌으나 아내에게 마치 천장 채광창의 창 빛이 스며든 것처럼 얘기했다.

래리는 재미있는 사람이다. 어쨌든 그는 지금 골덴 바지에 스웨터를 입고 정문 계단 위를 왔다갔다 하고 있다. 주보를 나눠 주면서 자신의 세련되고도 느긋한 표정이 매력 있다고 느끼는 모든 숙녀들에게 미소를 짓고 있었다.

모두 래리 레이지를 좋아하지만 그에게 일을 맡겨야 하는 사람들은

---

13. lazy : 게으른 / 교회 행사는 물론 집안일에도 전혀 관심이 없는 성격을 빗댐.

그를 부담스러워 한다.

위니 위트니스

주일학교 유년부를 가르치기 위해 위니 위트니스(Winnie Witness)[14] 가 온다. 생기와 활력이 넘치는 그녀는 화려한 색깔의 스커트와 "기적을 기다리며"라고 쓰인 빨간 티셔츠를 입고 있다. 위니는 전도해야 할 대상자들을 항상 미소를 머금고 쳐다보기 때문에 사람들은 어떻게 하면 그녀처럼 행복할 수 있는지 묻는다.

수많은 전도지를 공짜로 나눠 주기 위해 밀짚 광주리를 들고 다니는 위니의 모습을 보라. 그녀는 12개 국어로 만들어진 하나님의 구원 계획이 적힌 전도지를 갖고 다니면서 기꺼이 세상 끝까지 복음을 증거할 각오가 되어 있다.

위니의 빼어난 외모 가운데 더욱 돋보이는 것은 복음을 상징하는 플라스틱 장갑이다. 예수님을 모르는 아이들에게 하나님의 구원 계획을 장갑의 색깔로 실감나게 설명한다. 손가락마다 색깔이 다른 그 장갑은, 초록색은 예수님을 모르는 아이, 노란색은 하나님의 사랑, 검정색은 죄, 빨간색은 예수님의 죽음, 그리고 흰색은 "나는 예수님을 영접합니다!"를 상징한다.

---

14. witness : 증거, 간증／자기 방식대로 만든 전도 방법을 최고라 여기며 전도 대상자에게 목조르듯 달려드는 극성맞은 전도자를 풍자한 이름.

아무도 위니가 초신자라고는 생각하지 못한다. 지난 봄에 있었던 부흥회에서 결신했는데도 벌써 전도위원회 총무가 된 위니. 위니는 구원의 감격에 가득 차 그 부흥회 장소에서 내려오자마자 시어머니 댁으로 차를 몰아 어머님은 아직 은혜로 구원받지 못한 죄인이며 지금 나가는 교회는 경건치 못한 자유주의 교단이므로 즉시 교회를 바꾸라고 권유했다. 위니는 남편에게도 그가 어린 시절부터 다니던 교회의 목사가 참기독교인이 아니라면서 더 이상 그 교회에 출석하지 않겠다고 통보했다. 그리고는 최신판 간증 책자를 인용하면서 남편에게 자신의 믿음을 설명했다. 자기와 같이 기도하지 않는 남편에게 소망이 없다면서 자기 발의 먼지를 떨고 나가버렸다.

여느 날처럼 오늘도 위니는 아침 일찍 일어나 잃어버린 영혼을 찾아 집을 나선다. 침대는 헝클어져 있고 접시는 싱크대에 처박혀 있을지언정 그녀는 만나는 사람마다 복음을 전하기에만 열심이다.

위니는 어디서건 상관치 않고 사람을 벽으로 몰아붙이고는 웃으면서 "지금 기독교 신자가 되기 싫은 어떤 이유라도 있습니까?"라고 애걸조로 묻는다. 그녀는 매사를 전도의 기회로 삼기 때문에 그녀가 다가오는 것을 본 친구들은 반대 방향으로 피해버리기 일쑤다. 위니는 남편을 구원시키기 위해 거울에 성경 구절을 써붙이고, 베개 밑에는 성경을 숨겨 두고 도시락 가방에는 전도지를 넣어 놓는다.

위니는 전도 폭발 훈련에서 최고 점수를 받았지만 그녀를 부담스러워 하는 사람들도 많다.

조 조크

위니는 그녀가 전도한 사람이 처음으로 교회에 출석하는 모습을 보고 있다. 조 조크(Joe Jock)[15]는 197cm의 장신이다. 흰 반바지 차림으로 빅 브라운 교회에 나타난 것이다. 위니는 그의 옷차림에 당황하여 급히 끌어다가 뒷줄 자기 옆자리에 앉힌다.

조는 그리스 조각처럼 눈에 띄게 잘 생겼다. 위니가 그에게 잘생겼다고 얘기하자 그는 그린타운의 미술 학교에서 알렉산더 대왕의 대리석 조각을 연상시키는 모델로 일한 적이 있고, TV의 샴푸와 향수 광고에 여러 번 나온 적이 있다고 속삭인다. 세상에나!

위니는 조를 헬스클럽에서 어떻게 만났는지 기억하고 있다. 그녀는 다이어트하는 여자들을 전도하려고 헬스클럽에 간 적이 있다. 그때 조는 한 여성 그룹을 지도하고 있었는데, 문제의 복음 장갑이 그의 시선을 끌었다. 그가 위니에게 장갑의 손가락이 무엇을 의미하는지 물었을 때, "하나님께서는 여전히 당신을 사랑하고 계십니다!"라고 말한 것이 조를 주님께로 인도한 계기가 됐다.

운동으로 몸을 단련하는 것이 그의 인생 관심사의 전부였다. 어려서부터 침대를 뜀틀로 삼았고 딸랑이로 근육을 단련시켰다. 초등학교에서는 모든 운동부의 주장이었고 중·고등학교 때는 운동 부문의 상을 휩쓸었다. 앵셔스주립대학에서는 체육학 전공으로 우수 선수 장학금

---

15. joke : 농담/그야말로 인생을 장난처럼 사는 사람을 빗댄 이름.

을 받았다. 매일 아침 5시 반부터 기상해 근육 단련 운동을 한 후에야 근육 수축 예방과 이상 기후 상태에서의 운동에 대한 과목을 들으러 갔다. 데이트를 할 때는 대학 육상 경기나 조 루이스의 싸구려 권투 시합 영화 보러가는 것을 좋아했다.

졸업식 바로 다음날 치어리더 팀의 팀장과 결혼하여 영원히 씩씩한 반려자가 되기로 언약했다. L. A. 램즈와 샌프란시스코 포티나이너즈 간의 미식 축구 경기가 취소되는 바람에 L. A.로 가려던 신혼 여행을 하와이로 바꾸었다. 지금도 자기 집 앞마당 잔디에 줄을 그어 놓고 자기 애들과 이웃집 애들이 축구 시합을 하도록 하여 부모들에게 볼거리를 제공한다.

위니가 헬스클럽에서 처음 그를 만났을 때, 그는 새로운 인생을 모색하고 있었다. 그의 부인이 만인의 영웅 조 조크를 차버리고 가출한 것이다. 월드 시리즈 야구 결승전 같은 결혼 생활에 진저리난다는 말을 남겼는데 그녀는 레이커즈 농구팀에 시달리고, L. A. 다저스 야구팀에 실망하고, 엔젤스 야구팀을 미워하는 일에 싫증이 났던 것이다.

자, 조가 드디어 교회에 나왔다. 자기 자신도 믿을 수가 없다. 모든 여자가 그에게 빠져 있으나 그를 부담스러워 하는 사람들도 있다.

글로리아 가십

"참여하자, 모여라, 살아 움직이는 교회로!"라고 적힌 자동차 범퍼

용 스티커를 팔아 모은 기금으로 마련한 빨간 가운을 차려 입은 성가대원들이 예배당으로 모인다. 오늘 아침은 글로리아 가십(Gloria Gossip)[16], 길다 길트, 그리고 겔트루드 그루지가 3중주로 "바음자리표 여자들(일명 : 목청 좋은 여자들)"을 부를 예정이다.

글로리아 가십이 없다면 교회의 많은 흥미로운 소문들은 결코 나돌지 않을 것이다. 그녀는 이야기하는 데 소질이 많이 있어서 항상 화제를 감칠나게 이끌고 가기 때문에 듣는 사람들은 자꾸만 더 듣고 싶어서 안달이다.

글로리아는 어떤 사실을 절대 그냥 하나의 사건으로 끝나게 놔두질 않는다. 재미없는 이야기라도 다음 사람에게는 자기가 들을 때처럼 지루하지 않고 흥미롭게 전달해 주어야 한다고 생각한다.

글로리아는 움직이면서, 양쪽 귀로 각기 다른 대화를 들으면서, 또 다른 이야기를 자기 입으로 말할 수 있도록 훈련했다. 이 3중 대화 기능을 개발하는 데 수년이 걸렸는데 그녀는 자신만의 이 특기를 자랑스럽게 생각한다. 그녀는 교회 기도 순서를 조정하고 독창적이고도 흥미로운 소문거리로 가득 찬 교회 소식지를 매달 내보낸다. 글로리아는 아무것도 아닌 사실도 적당히 꾸며낸 얘기를 섞어 흥미진진하게 만들어 버린다.

사람들은 그녀가 기도 시간이나 교회 소식지를 통해 하는 얘기를 유

---

16. gossip : 뜬소문, 남의 뒷말 /남의 얘기라면 재미없는 내용도 갖은 양념을 쳐서 맛있고 풍성한 요리로 만드는 데 천재적인 사람을 빗댄 이름.

쾌하게 듣고 싶어하지만, 그녀의 가십 기사에 상처 입은 당사자들은
그녀를 아주 부담스러워 한다.

길다 길트

길다 길트(Gilda Guilt)[17]는 자신만의 사역 비결을 갖고 있다. 죄의
식 고취법이다. 그녀는 "사람들에게 죄의식이 들게 하면 그들을 내 마
음대로 조종할 수 있어!"라고 말한다.

친구들과 쇼핑이나 모임에 갈 때마다 차 주인이 언제나 주도적으로
일행을 통제할 수 있다는 이유로 자기 차를 직접 몬다. 조합원들 모임
에서는 죄에 대해 연설하면서 어떻게 하면 인생 항로의 핸들을 솜씨
좋게 잡을 수 있는지에 대해 가르친다.

곧 출판 예정인 「죄를 이기는 길다식 방법」(Gilda's Guide to Guilt)
이란 자신의 책에서 사람들을 교묘하게 조종하는 여러 방법들을 밝히
고 있다.

 - 할머니를 자주 오시게 하는 법 :

 "가여운 손자들이 할머니 얼굴 잊어 먹겠어요!"

 - 바쁜 사람을 느긋하게 만드는 법 :

---

17. guilt : 죄, 유죄 /교묘하게 상대방의 죄의식을 불러일으켜 자신의 뜻에 따르도록 조절하는 재주를
가진 사람을 빗댄 이름.

"저희 목욕탕에 새로 도배한 벽지를 보러올 정도의 짬은

있겠지요?"

- 다른 사람에게 크리스마스 준비를 시키는 법 :

"저는 언제나 너무 바빠서 크리스마스 준비를 미리미리 해야만

해요!"

- 방문객을 오래 붙들어 놓는 법 :

"지금 가시려고요? 그럼 왜 이제까지 아무 말 않고 가만히

계셨어요?"

- 거절한 사람을 다시 오게 하는 법 :

"못 오신다니 너무 안 됐네요. 선물을 하나 드릴려고 했는데…"

금주에 길다는 글로리아의 교회 소식지를 통해 죄의식을 불어넣는 가
장 손쉬운 방법을 교인들로부터 공모할 예정이다. 채택된 기발한 방법
은 각기 사각 조각천에다 물감으로 인쇄하여 조각 누비 이불로 만들어
교회 자모 모임에서 경매에 붙일 작정이다. 길다는 노후에 자녀들의 부
양을 잘 받기 위해서는 아이들에게 죄의식을 심어 주어야 한다고 가르
치는 「존경받는 유대인 엄마가 되는 법」(How to Be a Jewish Mother)
이란 책을 인용하길 좋아한다.

교인들은 그녀의 독창성에 찬사를 보내지만, 한 번이라도 그녀에게
당했던 사람들은 길다를 부담스러워 한다.

겔트루드 그루지

겔트루드 그루지(Gertrude Grudge)[18]가 처음으로 교회에 나오던 날, 그녀가 들고 왔던 커다란 검은 책을 보고 사람들은 모두 큰 글자 성경책인 줄 잘못 알았다. 그 책은 모로코 양가죽 표지로 되어 있었는데, 궁금증을 이기지 못한 글로리아 가십이 가까이 다가가서 읽어 보았다. 거기엔 금박으로 "죄악 기록부(Record Of Wrongs)"라는 큰 글씨가 선명하게 새겨져 있었다.

겔트루드는 이 책을 단지 모양으로 들고 다니는 것이 아니라 자기에게 한 번이라도 잘못을 저지른 모든 사람의 이름을 한 사람도 빠짐없이 적어 놓는다. 겔트루드는 총명하고 기억력이 좋다. 그녀의 신조는 "결단코 용서하지도, 잊지도 말자!" 이다. 그녀는 모든 사실을 정확하게 해 두기 위해 사건이 일어날 때마다 기록을 해 두는데, 하나님마저도 용서 못할 만한 증오스런 사람들만 따로 적는 별도의 칸이 있다. 겔트루드는 철없던 5살 때부터 그 책을 적기 시작했다. 바이올렛 숙모가 "가엾은 겔트루드는 세련되지 못했어. 촌티를 벗어야 할 텐데"라고 말하는 것을 우연히 듣고 가장 먼저 그 책에다 이름을 적어 놓았다.

1학년 담임 선생이 색분필로 칠판에 글씨 쓰는 것을 막았던 일과 꽃 축제 때 장미 역활을 하고 싶었는데 디미릭 여선생이 엉겅퀴 역으로 바꾸는 바람에 크게 실망했던 일을 그녀는 잘 기억하고 있다. 고등학

---

18. grudge : 원한, 유감/단 한번의 실수도 용납하지 않고 정죄하는 철저함을 가진 인물을 빗댄 풍자적 이름.

교 때 치어 리더가 되고 싶었는데 코치 선생이 축구 팀으로 보내버린 일도 잊지 않고 있다. 시어머니가 "우리 애가 눈이 삐었지. 뭘 보고 저 애랑 결혼했는지 이해가 안 돼"라고 푸념한 일도 꼬박꼬박 기록해 두었다. 자신의 첫 아기를 안고 오면서 "처음엔 다 못생겼어요"라고 말한 간호사의 이름도 적어 놓았다.

겔트루드는 남편에게 주말에 차고 청소를 해 달라고 했는데도 불구하고 대신 미식 축구를 구경한 횟수와, 남편이 저녁 식사에 늦게 집에 온 날짜도 정확히 기억하고 있다. 도시락에 맛있는 크림빵을 넣어 주고 셔츠를 표백제로 눈처럼 희게 빨아주었는데도 아이들이 전혀 감사하는 마음을 갖지 않았던 일도 물론 꼼꼼하게 기록해 놓았다.

겔트루드가 여전도회에 대해 별도의 기록부를 마련해 놓은 데는 특별한 이유가 있다. 성심 성의껏 궂은 일도 마다 하지 않았고, 여전도회연합회 제2 부회장까지 했음에도 불구하고 인사 추천위원회가 그녀를 회장 후보로 지명하지 않았던 것이다. 그래서 그 죄 많은 인사 추천위원회 위원장의 이름을 기록해 두었으며, 투표로 뽑힌 새 회장에게는 도대체가 무능력하고 인격적으로 존경할 만한 구석이 없어 틀림없이 수개월 내에 여전도회를 엉망으로 만들고 말 것이라며 원한마저 품고 있다.

여전도회 모임을 시작하기전 차 마시는 방을 아름답게 장식했는데도 칭찬 한 번 하지 않은 전임 회장도 기록해 두었고, 다과회용 새 의자들을 구입할 돈을 전액 기부했는데도 감사패에 이름을 올려주지 않은 사람도 적어 놓았다. 여전도회관의 서쪽 모서리 방에 자기 가족이 그린 그림을 걸어주지 않은 미화위원장의 이름도, 여전도회 회보에 그녀의 시 "사슴 송가"를 실어주지 않은 회보 편집장 이름도 똑똑히 기억하고 있다.

지난번에 나가던 교회도 여전도회 못지 않게 많은 페이지들을 할애해 그들의 죄악상을 기록해 놓았다. 담임 목사는 그녀의 이름을 외울 노력도 않고 매번 겔트루드 가우지라고 부르곤 했던 것이다. 성가대 지휘자는 부활절날 독창 순서를 주지 않았고, 교육 목사는 크리스마스 축제준비위원회에 끼워 주지 않았으며, 청년부 전도사는 장작불에 구워 먹을 마시맬로를 기증 했는데도 그녀가 캠프 파이어에 오는 것을 말렸다. 겔트루드는 혹시 잊어먹거나 용서해 줄 기분이 들지 않게끔 그 "죄악 기록부(Record Of Wromgs)"를 항상 갖고 다닌다. 심판의 마지막 날에는 그 기록부 때문에 가장 먼저 천국에 갈 것을 믿기 때문에 웃으며 기록할 수 있는 것이다.

교인들은 그녀의 뛰어난 기억력을 부러워하지만 그 기록부에 적힌 사람들은 그녀를 종종 부담스럽게 생각한다.

왜 시험 들게 하는 사람들을 이해 해야 하는가 ?

왜 시험 들게 하는 사람들을
이해해야 하는가?

한창 부흥 중인 빅브라운교회에는 어떤 희망이 있겠는가? 새로운 예배당, 으리으리한 오르간, 크리스털커버넌트찬양대, 농구 코트, 시내에서 가장 높은 첨탑 등으로 치장했지만 교회엔 온통 골칫거리인 사람들로 가득 차 있는데 말이다.

샘 설몬 목사는 그럭저럭 교회를 꾸려나가고 성도들 사이에 권위도 있지만, 장기적으로 교회를 이끌 비전이 없고 훌륭했던 전임 목사 바울 퍼펙트와 자꾸 비교되는 것을 짜증스러워 한다.

마빈 뮤직은 창조적인 작곡자지만 융통성이 없고 워낙 까다로워서 남들로부터 스트레스를 자주 받는다.

샐리 스피리츄얼 자매는 성경엔 해박하지만 만나는 사람마다 성경 말씀으로 꾸짖어대는 통에 모든 교인이 그녀를 부담스러워한다.

오르간 연주 솜씨가 훌륭한 조이스 저징 자매는 모든 세미나에 열심이지만, 사람들을 아래 위로 훑어보고 한숨 짓는 데는 모두가 질려한다.

밥 보시 박사는 누구에게나 좋은 인상과 위압감을 심어 준다. 모든 일을 바르게 처리하지만 그것이 반드시 교인들의 호응을 얻는 것은 아니다.

데비 디프레스드 자매는 교회에 빠지지 않고 나오며 계속 상담을 받고 있지만 5년 전에 비해 크게 나아진 것이 없다.

해리엇 허리 자매는 여러 직분을 맡아 열심이지만 아무도 그녀의 실상을 모른다.

마르다 마티르 자매는 열성적이고 헌신적으로 궂은 일을 도맡아 하지만 사람들은 그녀의 과장된 간증 수다에 싫증이 나 있으며 .인정받으려 하는 대신 묵묵히 일해 주길 바란다.

래리 레이지 형제는 누구에게나 호감을 주지만 자기는 참여하기 싫어하면서 남들이 하는 일은 곧잘 비평한다.

위니 위트니스는 너무 극성스럽게 전도하려고 들어 그녀가 나타나면 모두 도망가기 바쁘다.

조 조커 형제는 미남이고 체격도 좋지만 자기의 외모를 가꾸는 데만 온통 신경을 쓴다.

글로리아 가십 자매는 누구에게나 친근하게 굴지만 그녀 귀로 들어가는 것은 모두 곧장 화려하게 포장되어 입으로 나온다.

길다 길트 자매는 독창적이지만 쉴 새 없이 사람들을 자기 마음대로 주무르려고 덤빈다.

겔트루드 그루지는 세세한 일을 잘도 기억하지만 그녀에게 잘못 보였다간 큰일난다.

이렇듯 제멋대로인 사람들과 어떻게 사이좋게 지낼 수 있겠는가?

사람들은 모두 다르다

나는 「기질 플러스」(Personality Plus)란 책에서, 2천년 전 히포크라테스가 처음으로 구분한 4가지 기본적 인간 기질인 다혈질, 우울질, 담즙질, 점액질에 대해 분석한 적이 있다. 그에 따르면 모든 사람을 다 똑같은 사람 대하듯 해서는 안 된다는 것이다.

이 4가지 기본 기질의 장단점을 파악한다면 사람들을 평가해서 차별하기보다는 그들의 필요와 욕구가 무엇인지 알고 이해할 수 있으므로 인간 관계가 보다 쉬워질 것이다. 나는 이 이론을 30여 년 간 분석, 사용해 오고 있고 직접 운영하고 있는 CLASS(기독교지도자세미나협회)에서 다음과 같이 밝힌 적이 있다.

> "우리는 누구를 돕기 이전에
> 먼저 나 자신을 알아야 한다.
> 그래야 남들을 이해할 수 있기 때문이다"

상대방의 기질을 정확히 파악해야 좋은 인간 관계를 유지할 수 있고, 배우자의 장단점을 객관적으로 이해하지 않고는 좋은 부부 관계를 잘 꾸려 나갈 수 없다.

이 기본 기질들에 대해 간략하게 알아보겠다. 독자들의 이해를 돕기 위해 「부부 관계 이렇게 하면 쉬워진다」에서 사용했던 기질 특성 프로필과 기질 특성 점수표를 책 말미에 첨부했다.

　　다혈질은 사교적이고 화려하며 다혈질적이고 유머 감각이 있는 사람들이다. 그들은 개성이 강하고 사람들을 끌어당기는 매력이 있다. 그러나 말이 많고 남의 주의를 끌려 하며 참을성이 없다. 그들의 인생 목표는 "인생은 즐거운 것이다!"라며 주위 사람들을 그저 즐겁게만 하려는 습성이 있다. 이 유형의 사람들은 대체적으로 질서 있는 생활을 원해 우울질과 결혼하지만 막상 배우자가 자기를 바로잡으려 하면 **반발**한다.

　　우울질은 다혈질과 정반대다. 그들은 몰두하는 타입이며 사려가 깊고 내향적, 철학적, 분석적이고 예술가적 기질과 음악성이 있다. 그러나 부정적인 것에 초점을 맞추기 때문에 남들에게 비판적이고 쉽게 낙담한다. 그들의 **인생 목표**는 "할 가치가 있으면 그것은 옳은 일이다!" 지만 자기 자신과 주위 사람들을 완벽하게 만들려는 경향이 있다. 삶을 좀더 가볍고 밝게 살기 위해 주로 다혈질과 결혼하지만 막상 결혼해서는 배우자에게 더 이상 **흥미**를 느끼지 못한다.

　　담즙질은 타고난 지도자형이다. 조직하고, 설득하고, 남을 부리고 격려할 줄 안다. 자신감에 차서 무슨 일이든지 잘 해낸다. 그러나 항상 앞장서려 하고 의지가 강하며, 충동적이고 인내심이 부족하다. 논쟁을 좋아하고 남들을 교묘히 조종하며 자기보다 못한 사람들은 무시하는 경향이 있다. 그들의 **인생 목표**는 "나는 언제나 내 길을 간다!"이며 잘못된 것은 무엇이든지 바로잡으려는 습성이 있다. 인생을 쉽게 살고,

다루기 쉬우며 편하다는 이유로 주로 점액질과 결혼하지만 배우자가 자기 요구대로 하지 않으면 화를 낸다.

점액질은 중용을 지키며 문제를 일으키는 것을 싫어한다. 유순하고 사회성이 있으며 참을성이 많고 적이 없는 타입이다. 그러나 종종 소극적이고 결단력이 없고 의욕이 없으며 관여하길 싫어해 남들의 계획에는 무관심하다. 그들의 인생 목표는 "좋은 게 좋은 것!"이다. 특별한 경향이나 습성은 없다. 주로 확고한 인생 목표를 가진 담즙질과 결혼하지만 배우자가 강제적일 때, 그 결혼을 후회한다.

상대방이 이 4가지 기본형 중 어디에 속하는지 알면 그들에게 필요한 것을 채워줄 수 있을 뿐만 아니라 그들을 더욱 잘 이해할 수 있을 것이다.

> **다혈질**은 남의 주의를 끌고 인정받기 원하며,
> **우울질**은 질서 있고 절제된 생활을 원하고,
> **담즙질**은 행동에 옮기고 복종할 것을 원하며,
> **점액질**은 평화와 조용한 것을 바란다.

이제 이 원리를 한창 부흥 중인 빅브라운교회의 못말리는 사람들에게 적용시켜보자!

시험 들게 하는 사람들을 어떻게 대할 것인가 ?

3

시험 들게 하는 사람들을
어떻게 대할 것인가?

당신도 혹시 빅브라운교회의 못말리는 사람들 중 한 사람과 닮아 있지는 않은가? 그들 중 한 사람과 닮은 꼴이어서 남에게 부담을 주거나 아니면 그들의 그러한 모습 때문에 시험 들어 있지는 않은가?

밥 보시 같은 조직원과 같이 일하고 있는가?

조이스 저징 같은 시어머니를 모시고 있는가?

데비 디프레스드 같은 10대의 딸은 없는가?

해리엇 허리 같은 사람이 주위에 있는가?

조 조크 같은 사람과 결혼하지는 않았는가?

길다의 죄악 기록부 같은 데 이름이 올라가 있지는 않은가?

우리 모두는 그들 중 최소한 한 사람과는 관계가 있을 것이다. 교회나 직장에서 그들을 그냥 지나쳐 버린다면 아무 문제가 없다. 그들과 부딪힐 일이 없다면 무슨 문제가 있겠는가? 당신이 천장을 고치러 오기로 한 래리 레이지를 무한정 기다릴 일만 없다면 얼마든지 그와 문제없이 잘 지낼 수 있다. 그의 아내처럼 "이렇게 좋은 남편과 사니 얼마나 행복하냐!"는 말을 지겹도록 듣고 있지 않은가? 겔트루드 그루지도 죄악 기록부에 절대 용서 못할 사람들의 이름을 기록하지만 않는다면 얼마든지 사이좋게 지낼 수 있는 사람이다.

부담스러운 사람들은 멀리서 대할 때는 결코 나쁜 사람들이 아니다. 그들과 개인적으로 가까이 지내게 될 때, 시험에 들게 되는 것이다. 이 특이한 사람들의 성격을 분석하기 전에 먼저 자신에게 다음의 질문을 던져야 할 것이다.

그들과 잘 지내려고 노력하는가?

그들이 필요로 하는 것을 채워 줄 용의가 있는가?

그들이 마음에 안 들어도 관계를 지속할 수 있는가?

그들이 나를 어떻게 생각하든 상관 없는가?

우리를 시험 들게 하는 사람의 필요를 채워 준다는 것은 초자연적인 의지를 요구한다. 설사 그런 고귀한 노력을 한다 해도 그들은 알아주지도 않는다.

그러나 크리스천들은 혼자서 살 수 없다. 바울은 주님의 크신 능력이 우리 인생을 바뀌게 한다고 했다. 바울은 "그리스도 안에서 무슨 권면이 있는가? 사랑의 위로가 있는가? 성령의 교제가 있는가? 긍휼이나 자비가 있는가?"라고 묻는다. 또 "마음을 같이하여 같은 사랑을 가지고 뜻을 합하며 한 마음을 품어 아무 일에든지 다툼이나 허영으로 하지 말고 오직 겸손한 마음으로 각각 자기보다 남을 낮게 여기고 각각 자기 일을 돌아볼 뿐더러 또한 각각 다른 사람들의 일을 돌아보아 나의 기쁨을 충만케 하라"(빌 2 : 2-4)고 권면한다.

이 말씀대로 각각 다른 사람의 일을 돌아보는 것이 그들과 잘 지내는 방법이다. 우리는 그리스도와 같은 마음을 품어야 한다.

일반적으로는 자라온 환경, 영적인 신앙 수준, 성격 등이 다른 사람을 평가하는 기준이지만, 사람들은 저마다 옳고 그른 것에 대한 나름대로의 기준을 갖고 있으며 이것이 때론 다른 사람에게 부담스러운 기준이 된다. 인간 관계에 어느 정도 익숙해지면 그러한 기준들 때문에 서로 이해하기는 힘들지만 적어도 그 이유로 상대방을 싫어하지는 않는다.

지금까지 소개한 가상의 인물들을 되돌아보면서 그런 사람들과 어떻게 긍정적인 관계를 가질 수 있는지 살펴보자. 그들은 지금 인생이라는 그것도 외면하는 세상이라는 무대에 우리와 같이 출연하고 있는 동료 배우들이다. 지금 당장은 그런 사람들이 주위에 없다고 해도 언제 당신의 인생 무대에 이 골치 아픈 배우들이 등장할지 모를 일이므로 결코 방심해서는 안 된다.

샘 설몬 목사와 글로리아 가십

샘 설몬 목사와 글로리아 가십은 둘 다 다혈질이다. 무대 중앙에 서서 주역만 맡으려는 점도 비슷하고 활달하여 남의 시선을 끌 뿐만 아니라 유머 감각도 있다.

샘은 시간 관념이 없고 준비성이 없다. 목회를 해가는 데 있어 뚜렷한 비전이 없을 뿐더러 생각 없이 되는 대로 말하고, 복장은 야하고 너저분하며, 신자들의 이름을 기억하지 못하는 등 도무지 목사다운 근엄함을 찾아볼 수 없다.

당신 주위에 샘 같은 사람은 없는가?

샘 같은 사람들은 무엇을 필요로 하는가?(보호자 말고!)

다혈질이 아닌 사람이 볼 때, "샘 목사가 조금만 신중하고 분별력 있게 행동하면 좋을텐데"라고 생각하겠지만 그로서는 노력을 해도 안 되는 일이다. 그 나름대로는 교회를 잘 꾸려가고 있다고 생각하지만 규칙적인 것을 좋아하는 우울질의 교인들은 목사의 성급한 태도와 계획성 없음을 도저히 참지 못한다.

그렇다면 샘 목사에게 필요한 것은 무엇인가? 샘 목사에게는 자기가 인정받는 것에는 관심 없이 보답을 바라지 않고 기꺼이 도와줄 수 있는 사람의 도움이 필요하다.

샘은 왜 그런 성격을 갖게 되었는가?

대부분의 다혈질들은 어린 시절에 귀여움을 많이 받고 자랐으며 재미있는 성격 덕분에 주위의 시선을 많이 끌었다. 흔히 "예쁜 아이는 나쁜 일을 해도 발각되지 않는다."는 말처럼 설사 나쁜 짓을 했더라도 귀엽게 봐 주고, 언제나 자신의 일을 대신 처리해 주는 사람이 있기 때문에 책임감이 없고, 모든 일을 노력하지 않고 대충 넘어가려고 한다. 또한 이들은 "다른 사람들을 잘 구슬러" 인생을 편하게 사는 법을 안다. 심한 경우에는 옆에서 충실한 조연 역할을 해 주는 사람이 있다면 죽을 때까지 주연 역할만 즐기려 든다. 여자의 경우 남자들처럼 인생을 즐기려고만 하지 않지만 인생을 한번 진지하게 살아 보려고 할 때는 문제가 생긴다.

규칙적인 습관을 개발해 본 적도 없고(개발할 필요도 없었지만), 어려운 상황에서도 태평스럽게 버틴다. 그러나 남들은 다 갖고 있는 상황 대처 능력이 자기에게는 없음을 알기 때문에 내면적으로는 불안해한다. 자신의 삶이 겉치레뿐이라는 것을 잘 알기 때문에 겉으로는 웃고 속으로는 울고 있는 것이다.

어떻게 하면 샘처럼 제멋대로인 사람들과 잘 지낼 수 있는가?

그를 비난하거나 고치라고 말해선 안 된다. 비록 그것이 논리적인 것 같지만 다혈질들은 칭찬에 굶주려 있기 때문에 부정적인 말은 긍정적 행위를 얼어붙게 만든다.

그러므로 진심으로 그를 좋아하고 있고, 그가 좋은 성격을 가졌으며, 그와 같이 일하게 되어 기쁘다는 점을 깨닫게 해 줘야 한다. 그래야만 스스로 자기의 빗장을 푼다.

그리고 나서 그가 모든 사람과 원만하게 잘 지내는 것을 칭찬하고, 또 하루 동안 어떻게 그 많은 일들을 할 수 있는지에 대해 관심을 표하라.

당신이 그렇게 칭찬을 해도 샘은 속으로 아직 하지 못한 일이 많고 하루만이라도 일을 깔끔하게 일을 끝내 봤으면 하는 생각을 한다. 그래서 그는 당신에게 "어떻게 하면 남은 일을 잘 마무리 지을 수 있을까요?"라고 물을 것이다.

바로 그때가 샘처럼 재미만 찾는 다혈질들이 도움을 필요로 하는 순간이다. 그런 요청을 제대로 소화해내지 못하면 그들은 체면이 깎이거나 무능력하게 보이는 것을 아주 싫어하기 때문에 더 이상 도움을 청하지 않을 것이다.

다혈질들은 이런 일을 해 주면 아주 좋아한다.

- 정시에 약속 장소까지 태워다 주겠다고 제의하라.
  단 늑장 부릴 것에 대비해 미리 전화를 할 것.
- 회의기록을 타자로 쳐서 복사본을 한 벌 주되 잃어버릴 것에

대비해 여분의 복사본을 남겨둘 것.

- 생일이나 중요 행사들을 상기시켜 주라. 카드를 대신 사서
미리 주소를 쓰고 우표를 붙인 다음 사인만 하면
되도록 해서 건네 주면 훨씬 더 효과적이다.
- 여러 명이 같이 선물을 할 때에는 돈을 받지 말고
보내는 사람에게 그의 이름을 적어주라.
- 외투를 어디다 벗어 놓았는지 기억해 두었다가 나갈 때 챙겨 주라.
- 작은 선물이나 재미있는 격려 카드를 보내라.
- 조금이라도 질서 있는 모습을 발견하면
앞으로도 얼마든지 조직적일 수 있겠다고 칭찬해 주라.
- 주빈으로 모셔야 할 때는 깜짝 파티로 놀래켜 주라.
- 중요한 회합이 있을 때는 미리 전화를 걸어 상기시켜 주라.
- "기둥을 따라 벽돌로 된 교회를 지나 셀역에서 우회전하여
초록색 차양이 있는 큰 분홍색 집" 하는 식으로 지리를 가르쳐 주라.
거리 개념이 없기 때문에 "북쪽으로 300m 가라" 는 식으로
해서는 안 된다.

샘 같은 사람들에게는 그들만에게만 통하는, 정당하지 않게 보일지도 모르는 은밀한 도움이 필요하다. 당신이 그러한 도움을 준다면 그는 평생 당신을 사랑할 것이다.

글로리아 가십의 경우

그녀 역시 다혈질이지만 샘에 비해 조금 복잡한 면이 있다. 그녀는 이야기 하기를 아주 좋아하는데 너무 부풀려서 듣는 사람에게 과연 사실일까 하는 의구심을 불러일으킬 만큼 제멋대로 떠벌린다.

글로리아는 왜 그런 성격을 갖게 되었는가?

그녀는 어려서부터 창조적인 이야기꾼 재질이 있어서 재미있는 이야기로 남들의 주의를 끌 수 있다는 것을 알게 되었다. 사람들은 그녀의 얘기를 재미있어 했고, 여러 행사나 파티 때면 늘 그녀에게 주의가 집중되었다.

10대에는 남의 말을 옮기면서 상대에게 비밀을 지키라고 당부하면 그들의 신뢰를 얻게 된다는 것을 알아냈다. 왜냐하면 이야기를 전해 들은 사람은 자기만 특별하게 취급받는 기분이 들어 그녀의 친구가 되어줘야 겠다고 생각하기 때문이다.

그 후, 그녀는 빅브라운교회에 출석하고부터 자기 재능에 딱 맞는, 기도 순서를 정하고 교회 소식지를 통해 재미있는 이야기를 전달하는 일을 맡았다.

글로리아가 원하는 것은 무엇인가?

주위 사람들에게 인기를 얻는 것이다. 흥미로운 소문을 미주알고주알 퍼뜨리면 그녀에 대해 궁금해하는 사람들이 그녀 주위에 모이게 마련이고, 그렇게 되면 쉽게 인기를 얻을 수 있다고 생각한다.

글로리아 같은 수다쟁이와는 어떻게 지낼 수 있는가?

거짓말쟁이라고 매도해도 안 되지만 그녀의 시시한 잡담에 휘말려서는 더더욱 안 된다.

- 교회 소식지에 실릴 만한 이야기는 절대 그녀에게 하지 말라.
- 비밀 이야기는 하지도 듣지도 말라.
- 그녀가 말한 것을 퍼뜨리지 말라.
- 어떤 사건을 당신에게 이야기하면
  "당신이 직접 거기에 있었어요?" 라고 물으라.
- 어떤 사람에 대해 말하려고 할 때는
  "그 사람에게도 그렇게 이야기했어요?" 라고 물으라.

그녀와 이야기를 나눌 기회가 있다면 "살 안 붙이고도 이야기를 참 재미있게 하네요. 아마 그런 천부적인 재능을 가졌나 봐요. 사실이란 항상 꾸며낸 이야기보다 더 재밌잖아요?"라고 이야기하라. 또 재미있는 일에 초대해서 함께 즐기고, 굳이 비밀스런 이야기를 하지 않아도 그녀 자체를 좋아한다는 것을 깨닫게 하라.

그렇다고 그녀가 당장에 변하는 것은 아니다. 허풍 심한 그녀의 수다에 휩쓸리지 않고 그녀의 입장에 서서 좋아해 준다면 그녀는 자신의 재능을 좋은 방향으로 사용할 수 있을 것이다.

지휘자인 마빈 뮤직과 겔트루드 그루지

마빈 뮤직과 겔트루드 그루지는 둘 다 우울질이지만 각자의 재능을 특이하게 발휘한다. 마빈은 어려서부터 음악에 재능이 있었다. 3살도 채 되지 않아 피아노 연습곡을 들은 자리에서 바로 연주했고 6살 때는 이미 고급 과정을 쳤다.

음악에 관심이 많은 가족들은 마빈을 신동 취급했고 혹시라도 손가락을 다칠까 봐 절대 밖에 나가서 놀지 못하게 했다. 마빈은 극성스런 어머니 때문에 본트램 가(家)의 아이들과 경쟁하며 동부 해안 쪽에 있는 교단 소속 교회마다 가서 찬양을 하곤 했다.

훌륭한 재능과 집안 배경을 가진 마빈 뮤직은 무엇이 문제인가? 그는 독선적인 사고와 말투를 지닌 완전주의자답게 쉽게 스트레스를 받는다.

마빈은 왜 그렇게 되었는가?

음악 가정에서 태어나 교회에서 살다시피한 마빈은 다른 사람의 삶을 이해하지 못하고 음악 외에는 화제가 없다. 오선지 위에 3/4박자를 맞게 옮겨적지 못하면 어찌할 바를 모른다.

대학 동창인 멜로디(Melody)와 결혼해 평생 함께 음악 활동을 하려고 진지하게 사귀었지만 둘 다 너무 스트레스를 잘 받는 성격이어서 결국 그 꿈은 깨졌다. 또 한때는 글래머인 버블 비치(Bubbles Beach)에게 열중했으나 그녀는 음악에는 전혀 문외한이었다. 비키니를 입은 몸매는 빼어났지만 매사에 엉망진창이고, 심지어 피에르 가르뎅을 새로 나온 초콜릿 상표라고 생각할 정도로 무식했다. 그래서 마빈은 독신으로 남기로 했다. 좁은 콘도에서 두 대의 그랜드 피아노와 잘 훈련된 은빛 푸들 한 마리와 함께. 외롭긴 하지만 혼자 있으니 편하고 신경쓰이는 남들과 함께 지내는 것보다 백 배 낫다고 생각한다.

마빈에게는 무엇이 필요한가?

외길 인생을 가는 마빈 같은 사람에게는 같은 분야의 재능, 혹은 최소한 그 분야에 흥미라도 가진 사람의 도움이 필요하다. 음악가들은 조화있고 균형된 삶을 살려고 한다. 매우 분석적이고 사려 깊으며 자기만의 톡특한 기준을 갖고 있다.

내 남편 프레드(Fred)는 한 결혼 세미나에서 우울질 사람이 얼마나 음악적인가를 조사한 적이 있다. 그는 우울질 그룹에 속한 한 남자에게 그 그룹 내의 음악적인 사람이 몇 명인지 파악하라는 아주 간단한 요청을 했다.

똑같은 요청을 다혈질 여성에게 했다면 그녀는 자기 그룹에 가서 "여기 있는 사람 중에 자신이 음악적이라고 생각하는 사람은 손들어 보세요"라고 했을 것이다. 대개 그 요청은 중간에 잊어버리기 십상이지만 다혈질은 최근에 인기 있는 것이라면 뭐든지 다 하고 싶어 하고, 최소한 라디오 음악 프로는 들을 줄은 아니까 아마 모두 손을 들었을 것이다.

반면 담즙질은 재빠르게 현실적인 숫자를 파악하고는 곧 바로 다른 일에 착수할 것이다.

점액질은 실제로 음악에 재능이 있더라도 귀찮은 일에 말려들거나 뭘 시키려는 줄 알고 손을 들지 않을 것이다.

그러면 우울질은 어떤가? 그 꼼꼼한 사람은 한참 후에야 보고서를 들고 나타났다.

"프레드가 나에게 우리 그룹에 음악적인 사람이 얼마나 있는지 조사해 달라는 부탁을 했다"고 말하자 아무도 그 질문에 선뜻 대답하지 않았다. 한참 후에 한 사람이 "음악적이란 무엇을 뜻합니까? 악기를 다룰 줄 알아야 합니까? 아니면 감상만 할 줄 알면 됩니까?"라고 물었다. 한동안 이 문제로 토의하다가 연주할 줄 아는 사람과 감상할 줄 아는 사람으로 나누기로 했다.

악기 다룰 줄 아는 사람의 숫자를 헤아리고 있는데 한 여자가 "난 어렸을 때 피아노를 친 적이 있는데 어떡해요?"라고 물었고 한참 논의한 후 포함시키기로 했다.

또 한 남자는 "나는 다음 주부터 기타 레슨을 시작하려고 하는데요?"라고 해서 과거, 현재, 미래 소그룹으로 분류하여 조사하기로 결정했다.

다음으로 내가 "음악 감상에 취미가 있는 사람은 몇 사람이나 됩니까?"라고 질문을 하자 "어떤 종류의 음악 말입니까?"라고 되물었다. 결국은 또 고전, 현대, 가스펠 세 부류로 나누었고 그래서 총 6가지 종류로 나누어 조사했다.

6가지로 구분된 보고서를 살펴보니 단 몇 명만을 제외하고 우울질 기질에 속한 사람의 대부분은 음악적 재능을 갖고 있었다. 또 조사 과정에서 볼 수 있듯이 그들은 꼼꼼한 완벽주의자들이다. 그들은 자신과 비슷한 사람이나 그들 분야에 동정적 관심을 가져 주는 사람을 원한다. 공동의 관심사가 있어야만 터놓고 교제하려 든다. 그들은 자신들의 관심사를 발견해낼 줄 모르는 사람은 머리가 좋지 않은 사람이라고 판단해 결코 마음을 열지 않는다. 그들은 누구라도 자신들의 규칙적인 생활 태도를 흩뜨려 놓거나, 너무 세심하게 굴지 말고 대충 즐기자는 식으로 말하는 사람을 싫어한다.

우울질은 완벽한 상대를 원하기 때문에 데이트하기 힘들고 맞는 상대도 거의 없다. 자기와 비슷한 사람을 만나더라도 서로가 서로에게 완전한 것만 요구하고 상대를 이해하지 못해 힘들어 한다. 물론 둘 다 우울질인 부부 중에도 집안일을 세밀하게 분담해 독창적으로 가정을 잘 꾸려가는 경우도 있지만, 동시에 스트레스를 받으면 심각한 상태로 발전하게 된다.

우울질은 일반적으로 활달하나 질서가 없는 다혈질을 배우자로 택하지만, 과연 재미있는 결혼 생활이 그에 따르는 혼란을 상쇄할 만한 가치가 있는지 평생 고민하며 산다.

마빈처럼 재능 있는 완벽주의자는 평생 완벽한 상대를 구하지 못하거나, 차선의 배우자를 만나 스트레스를 꾹꾹 참으며 사는 경우가 대부분이다.

마빈 뮤직 같은 사람들을 어떻게 대할 것인가?

그가 규칙적이고 조직적인 점을 인정하라! 상대방의 특성을 이해하며 그의 삶에 무엇이 필요한가를 아는 것만으로도 인간 관계를 훨씬 부드럽게 할 수 있다. 계획표가 없거나 계획을 세울 생각도 안 하는 것을 도저히 용납하지 못한다는 것을 이해한다면 그들과 잘 지낼수 있다.

자신의 꼼꼼한 성격을 좀 고칠 수 없겠냐고 스스로 물어올 때만 융통성을 가져보라고 충고한다. 이때도 매우 조심스럽게 말해야 한다. 내가 속한 CLASS(기독교지도자세미나)협회에 근무하는 사람들 중에도 우울질 직원이 몇 명 있는데 나는 그들이 좀 느긋해지기를 원했다.

어느 날 바바라(Barbara)가 오전 스케줄을 구체적으로 물었을 때, "너무 신경 쓰지 말고 좀 느긋해져 봐요!"라고 대답했다.

그러자 그녀는 부드러운 목소리로 "스케줄을 모르는데 어떻게 느긋해져요?"라고 말했다.

그들의 세세한 관심사에도 흥미를 표시하라! 우울질은 사람들과 어울리거나 나서는 것을 불편해 하므로 먼저 다가가 그들의 전문 분야에 대해 물어봐 주면 쉽게 친구가 될 수 있다.

그들은 자신들의 전문 분야에 대해 세세한 흥미를 보이기 전까지는 건성으로 대할 것이다.

내 사위는 하르툼(수단의 수도)에서 수단인들에게 포위되어 있으면서 그 당시 시내에서 지폐로 통용됐던 고든(Gordon) 장군이 사인한 종이에 대해선 전문가가 되었다. 사교 모임에서 그다지 관심을 끌 만한 분야는 아니지만 나는 일부러 그 화제를 끄집어냈고 사람들은 그가 들려주는 역사적인 이야기를 퍽 재미있어 했다.

마빈과 같은 우울증형은 자신의 관심 있는 분야에 대해 대화하는 것만으로도 기뻐하며 그 상대를 결코 잊지 못한다.

기억할 것은 이들은 쉽게 스트레스를 받는다는 사실이다. 어지간해서 스트레스를 받지 않는 사람은 상대방을 곤경에 빠뜨리는 이런 경망스러운 사람을 이해하기 힘들 것이다.

그 예를 들어보자.

- 아주 조심스럽게 한 제3자에 대한 긍정적인 이야기를

  부정적으로 받아들일 때.

- "오늘 참 좋아보입니다."라고 하면,

  어제는 안 좋았다는 얘기로 듣고 기분 나빠할 때.

- 무심코 농담을 했는데 "당신에겐 우스울지 모르지만 제게는

  비꼬는 얘기로 들리는군요"라고 심각하게 말할 때.

우울질은 생각을 깊이, 그리고 진지하게 하기 때문에 아무것도 아닌 일도 심각하게 받아들인다. 그러므로 쓸데없는 일로 그들의 기분을 상하게 하지 않도록 해야 한다.

겔트루드 그루지는 왜 그렇게 되었는가?

마빈 뮤직과 마찬가지로 겔트루드 그루지도 어려서 신동으로 불렸을 정도로 다재다능하고 지적인 사람이다. 겔트루드는 아주 어릴 때부터 사람들이 자기 재능을 알아주지 않고 그에 걸맞게 대해 주지 않는다고 생각했다.

그래서 그녀는 뛰어난 암기력과 조직적인 두뇌로 억울했던 일을 기록하기 시작했고 그것이 나중에 죄악 기록부로 발전했다. 억울했던 경우가 전부 남의 탓이라고 생각했기 때문에 자기는 잘못이 조금도 없다고 생각했다. 애시당초 남들만 나쁘고 눈감아줄 만한 구석은 전혀 없

다고 믿었기 때문에 그들을 용서하려 들지 않았다.

학교에선 자기가 받아야 할 상을 다른 아이들이 뺏아갔다고 생각했다. 직장에서는 상사가 공정하지 못해서 언제나 자기 마음에 들고 말잘 듣는 부하들만 좋아한다고 생각했다. 결혼해서는 남편은 자기보다바보스럽고 아이들은 엄마에게 감사할 줄 모른다고 생각했다.

그녀는 최악의 경우가 닥쳤을 때는 이미 그 상황이 끝난 것이라는진리를 터득했기 때문에 사건 발생 초기부터 상처받은 일들을 일일이기록했다.

그녀가 원하는 것은 무엇인가?

혹자는 불공평하고 사악한 사람들이 오히려 인생을 더 잘 산다는 그녀의 의견에 공감할지도 모른다. 그녀는 자기의 기록부를 같이 검토해줄 경건한 사람이 어디엔가 반드시 있을 것이라는 생각으로 스스로 위로한다. 그 죄악 기록부가 옳다는 평가를 받고 싶은 것이다.

그녀가 "찬양대원들이 다 보는 앞에서 모욕을 준 담임 목사를 절대 용서할 수 없어!"라고 이야기했다고 하자. 설사 그 자리에 당신이 있었고, 샘 설몬 목사가 그렇게 말하는 걸 농담으로 들었어도, 그녀는 당신이 자기 판단에 동의하고 그녀의 입장에 서서 목사를 미워해 주기를 바란다.

그럴 때, 당신이 한 번이라도 동의하게 되면 그녀는 다음 희생자에게 따지려들 때 당신을 그녀와 같은 편으로 동원시킬 것이다.

겔트루드 그루지와 어떻게 해야 잘 지낼 수 있는가?

겔트루드처럼 원한에 사무쳐 용서할 줄 모르는 사람을 대하는 데는
세 가지 방법이 있다.

> **첫째, 그녀의 일에 동의한다.**
> **둘째, 그녀의 의견을 수시로 고쳐 준다.**
> **셋째, 아예 상대하지 않는다.**

마지막 방법은 겔트루드를 더 악화시킬 뿐인데도 대부분의 사람은 자
기 보호를 위한 유일한 대안으로 그 방법을 택한다. 그 결과 겔트루드
는 점점 외로워지고 더욱 친구가 필요하게 된다. 그래서 사람들을 자꾸
자기 집으로 초대하려 하지만 응하는 사람은 거의 없다. 사람들이 굳이
그 죄악 기록부를 보지 않더라도 그녀의 표정이나 쏘아보는 눈매만으로
도 그녀가 자기에게 원한을 갖고 있음을 눈치채는 줄 그녀는 모른다.

겔트루드와 친구가 되길 원한다면, 보시 박사가 그녀를 위원회에서
쫓아낼 계략을 꾸미고 있고, 글로리아 가십의 주둥이를 바늘로 꿰매야
하며, 데비 디프레스드는 정신 병원에 입원시켜야 하고, "당신의 엄마
는 입이 거칠다!"라는 그녀의 말에 동의만 해 주면 된다. 이렇게 하면
틀림없이 친구가 될 수 있지만, 한 번이라도 고개를 끄덕여 동의하면
그녀의 기록부 전체를 인정하는 꼴이 된다는 것도 기억해야 한다. 겔

트루드와 어울린다는 것은 다분히 위험한 모험이다.

그렇다면 그녀를 바로잡을 방법은 없는가? 누군가는 틀림없이 당신보다 먼저 그녀의 친구가 되려고 노력했을 것이다.

그들은 어떻게 되었을까? 아마 스트레스를 너무 받아 미쳤거나 아예 포기했거나 죽었을 것이다. 겔트루드는 자기에게 엄격하게 굴거나 비평하거나 판단하는 사람은 절대 가만두지 않는다. 기록부의 한 페이지를 몽땅 할애하여 그 일들을 기록하고 끊임없이 그 괘씸죄를 떠벌리고 다닌다. 많은 선량한 교인들은 겔트루드의 블랙 리스트에 자신의 이름이 올라 있음을 알고는 교회를 떠난다.

그러면 겔트루드에게는 도대체 어떻게 대해야 되는가? 미소? 묵시적 동의? 무시?

겔트루드가 어떤 사람에 대해 원한 섞인 비난을 퍼부을 때는 일단 듣는다. 어느 정도 듣고 난 후, 부드러우면서도 나지막한 어조로 동의하지 않는다고 분명하게 말하고 그 사람의 좋은 점도 보도록 하라고 이야기하라. 그래야만 비난의 공범자가 되는 것을 피하면서 동시에 그녀로 하여금 다시 생각할 수 있는 기회를 제공하게 된다. 당신의 제안에 그녀가 긍정적인 반응을 보인다면, 그것은 그녀를 바른 방향으로 인도하는 데 당신을 쓰시려는 하나님의 섭리임을 알아야 한다.

겔트루드 같은 사람에게 지금 어떤 어려움을 겪는다면 그를 위해 끝까지 기도해 주어야 한다. 그들은 상처를 입었고, 외로우며, 자신이 왜 그렇게 됐는지조차 모르기 때문이다.

밥 보시 박사와 해리엇 허리

밥 보시와 해리엇 허리는 둘 다 담즙질이다. 타고난 지도자들로 활기차고 행동적이며 어떤 일이든지 잘 처리한다. 천사들도 하기 두려워할 만한 어려운 일을 맡고 있고 언제나 자신감이 넘쳐 흐른다. 남들이 소유하지 못한 재능을 갖고 있지만 주변 사람들에게는 위압감을 풍긴다.

밥과 해리엇의 인생에 필요한 것은 무엇인가?

그들은 절제력과 책임감을 동시에 갖고자 한다. 자신의 주장대로 묵묵히 따라주는 순종형 배우자를 바라기 때문에 이런 사람들끼리 결혼하는 경우는 극히 드물다. 또 무슨 일이든 앞장서길 좋아하고 사람보다는 일을 더 좋아해 대체로 일에 미쳐 있다. 항상 변화를 추구하고 잘못된 것은 바로잡으려는 습성이 있다.

밥은 왜 그렇게 되었는가?

담즙질은 아주 어려서부터 매사를 자기 위주로만 하려고 하기 때문에 어린 시절부터 벌써 독선적인 성향이 나타난다.

기질 플러스에 관한 세미나가 끝나갈 무렵 한 여자가 "내 아들은 태어난 지 석 달째 되던 때부터 나를 부려먹기 시작했어요. 요람에 누워 있는 아이를 들어다가 다른 방으로 옮겼더니 막무가내로 울어댔어요. 아무리 애를 써도 그치지 않아 요람에 도로 갖다 눕혔더니 그제서야 울음을 그치지 않겠어요? 그후에도 옮기려고만 하면 하도 울어대서 제자리에 갖다 눕히기 바빴어요. 그러니 저 애에게는 꼼짝 못할 수밖에요!"라고 했다.

담즙질은 무엇이든 자신이 도맡으려는 충동을 타고 나며, 손대는 것마다 자기 마음대로 하려고 한다. 대체로 머리가 뛰어나고 공부를 잘하며 공정한 편이라 남들보다 앞서지만 인기와는 거리가 멀다. 동료들이 자기 주위에 모이지 않으려는 것을 알게 되면 자신의 신조대로 처리해 버리고 사람들의 시선은 아랑곳하지 않는다. 어떤 직업이든 최고를 목표로 하며, 의사나 변호사, 회사 사장이 되는 사람이 많다. 다른 사람 밑에 있으면 안절부절못하므로 자영업을 선호한다.

밥은 의사가 되어 벤츠를 타고 다니고 남에게 군림하려 든다. 교회 운영위원회 위원장이 되어달라는 요청을 받고는 "멍청이들"이 위원회를 엉망으로 운영하고 있다고 생각하던 터라 기꺼이 받아들였다.

그는 그 무능한 자들이 당연히 나아지길 바란다고 믿고 즉시 교회운영위원회를 합리적으로 개편했다. 밥은 교회가 필요로 하는 것은 잘 알았지만, 그들이 갑작스러운 변화는 원치 않는다는 것은 몰랐다. 이 일을 통해 의욕적인 담즙질도 곤경을 겪는다는 것을 배웠다. 옳은 것이 반드시 인기 있는 것은 아니다.

진정으로 잘 지내길 원한다면 한 가지 확실한 방법은 있다. 아무 말 않고 그들이 하자는 대로 하라! 담즙질은 다혈질들처럼 칭찬에 굶주려 있지는 않다. 다만 순종을 원한다. 자기와 다른 의견은 자신에 대한 거부로 받아들인다. 오랜 세월 동안 사람은 소용 없다는 것을 배워왔기 때문에, 우울질처럼 그 거부감으로 인해 괴로워하지는 않는다. 남에게 상처줄 만한 일을 하고도 신경 쓰지 않는다. 그들이 당신의 기분을 파악하여 용서 구하기를 기대하며 토라지거나 낙심하는 데 시간을 낭비하지 말라. 그들은 약한 것을 싫어하고 눈물과는 담 쌓은 사람들이다.

그들이 자신들의 잘못을 뉘우치리라고는 기대하지 말라! 기질 플러스 세미나를 계속해 오면서 나는 밥이나 해리엇 같은 참석자들이 기질 분석을 끝내고 나서 "나는 약점은 하나도 없고 장점뿐이군"이라고 말하는 것을 많이 봤다. 어떤 여자는 질문서의 지시 사항도 읽어보지 않고 하나만 빼고는 전부 장점에 표시를 했으며, 단점이라고 답한 칸에도 "때때로 가끔"이라고 적어 놓았다.

최근 밥 보시 같은 유형의 한 의사는 자신의 분석표를 보여 주면서 "이 약점 사항들은 전혀 나하고는 상관 없는데요. 해당되는 것이 하나도 없습니다."라고 말했다. 저녁 늦게까지 그와 이야기를 나누던 중 그는 한 가지 문제점을 인정했다.

“나는 약하고 훌쩍거리기 잘하는 간호사들만 고용하게 돼요. 어제 병원에 들어서니 모두들 붙들고 울기 시작하는 거예요. 무슨 끔찍한 일이라도 생겼느냐고 물었더니 다들 내가 무섭다지 뭡니까? 그게 말이 나 됩니까? 그들을 모두 불러 놓고 내가 하라고 하는 것을 제때에 제대로만 하면 무서울 것 하나도 없다고 단단히 일러줬지요!”

그는 그 문제를 잘 처리했다고 생각했고, 단지 어째서 겁 많고 잘 훌쩍거리는 간호사들만 자꾸 채용하게 되는지에 대한 나의 의견을 듣고 싶은 것이었다. 자기 자신에게 문제가 있다고는 꿈에도 생각하지 못하는 것이다.

반항한다는 기분을 주지 말라! 담즙질은 자신이 자기 운명의 주인, 즉 “자기 영혼의 선장”[19]이 되어야만 하므로 누가 자기 배를 성급하게 몰려 들면 직장에서든 교회에서든, 혹은 가정에서든 가리지 않고 엄격하게 야단을 친다. 항상 권위를 앞세우므로 다른 성격의 사람이 어떤 제동을 걸면 자기 권위에 대한 도전이라고 간주한다.

교계에서도 이런 경우를 자주 볼 수 있다. 담즙질 목사가 교회를 개척한 다음 똑똑한 부교역자를 모셔 온다. 그러나 자기가 믿고 데려온 그 부교역자는 얼마 못 가서 “분수를 모르고 까부는 사람”으로 취급되어 그만두게 된다. 아무 사정도 모르는 교인들은 담즙질 담임 목사가 너무 옳고, 너무 바르고, 너무 자신감에 넘친 바로 그런 점이 도리어

---

19. Edgar Snow : “창세로의 여행”에서 발췌

자기들의 교회를 망칠 수 있다는 사실을 깨닫지 못한다.

우리는 스스로 최선을 다하길 원한다. 그러나 밥 보시 같은 상관과 일할 때는 어떤 새로운 아이디어가 떠오르더라도 그것이 상관의 머리에서 나온 것이라고 인정하게끔 처신하고 앞장서려 하지 말라.

"부하가 한 공손한 말이 대장에게는 불손하게 들릴 때가 많다."[20]

그들이 능수능란한 수완가임을 잊지 말라! 밥 보시 같은 사람들은 필요한 사람에게 적재적소에서 일할 수 있도록 도와준 경험이 많다. 언제라도 아무 부담 없이 신세진 것을 갚으라고 말할 수 있을 만큼 남의 일을 힘 닿는 데까지 잘 돌봐준다. 그래서 남에게 감동을 주고 그 신세진 것을 주로 선한 목적에 갚도록 하지만, 사전 통보 없이 악용하기도 하므로 그들의 교묘한 책략에 놀아나지 않도록 주의해야 한다.

필요하다면 당당히 맞서라! 독단적인 담즙질과 같이 살고 있거나 일하고 있다면 정신 건강을 위해서라도 당당히 맞설 필요가 있다. 그들은 약자는 깔보고 강자에게는 굽실거리는 경향이 있기 때문에 상대방이 한번 밀리기 시작하면 언제든지 밀어붙일 수 있다고 생각한다.

이런 강한 성격의 배우자에게는 싸움을 걸지 말고 가장 못살게 구는 어떤 문제를 시험 케이스로 삼아 논리 정연하게 맞서야 한다. 담즙질은 매사가 정당해야만 직성이 풀리기 때문이다. "요 근래 내가 얼마나 불행한지 당신 알고 있어요?"라고 묻는 것으로 시작하라.

---

20. William Shakespeare의 희곡 Measure for Measure에서 발췌

"불행하다고? 왜?"

"왜냐하면 내 의견을 한 번도 당신에게 얘기해 본 적이 없다는 것을 깨달았기 때문이에요!"

"무슨 얘기요? 언제나 당신더러 이야기해 보라고 했잖소?"

대개의 경우 여기서 그냥 단념해 버리기 쉬운데, 계속해서 "당신은 그렇게 했다고 생각하겠지만 나는 무시당해 왔다고 생각해요. 언제 시간나면 차분하게 이야기 좀 했으면 해요!"라고 요청하라.

내가 남편 프레드에게 이런 식으로 접근하면 거의 언제나 시간을 내 주곤 한다. 최근 짬이 생겨 의논하고 싶은 일이 있다고 말했더니 바로 그 자리에서 내 애기를 들어 주었다. 먼저 이렇게 시간을 내 주고 또 평소에 내게 해 준 일들에 대해 얼마나 감사하고 있는지 말한 다음, 그의 "그렇지만"이란 상투적 말투가 맘에 안 든다고 말했다. 그는 내 의도를 정확하게 파악하지 못해서 자기가 무얼 잘못하고 있는지 가르쳐 달라고 정중하게 요청했다. 그래서 나는 "당신은 '잘했어'라고 말해 놓고는 꼭 뒤에다 '그렇지만, 다음번엔…'이란 말을 덧붙여요. 토를 달지 않고 내가 한 일을 절반만이라도 그대로 칭찬해 주면 내가 얼마나 신이 나겠어요?"라고 말했다.

그는 자기가 그런 줄 모르고 있었다며 사과했고 다음에 혹시 또 그러면 꼭 지적해 달라고 부탁했다. 그 후로는 그런 적이 없다.

담즙질은 완전한 것을 좋아하므로 긍정적으로 대해 주면 즉시 고친다. 때때로 우리는 정작 짜증스런 일은 참으면서 하찮은 일에 화를 낸다. 그것은 우리가 얼마나 불안정한 사람인가 하는 것을 보여줄 뿐 긍정적인 결과는 전혀 가져오지 못한다.

해리엇 허리가 그렇게 성급해진 이유는?

이리저리 바삐 움직이며 열광적으로 일하는 대부분의 사람이 그러하듯이 겉으로 드러내고 싶지 않은 잠재적인 불안감을 감추기 위해 그러는 것이다. 끊임없는 활동만이 자기 혼자라는 사실을 깨닫거나 거울 속에 비치는 자신의 실제 모습을 발견했을 때의 처참한 심정으로부터 자신을 지켜줄 수 있다고 생각한다. 그런 사람들은 대체로 알콜 중독자 남편, 마약에 빠진 10대 아들, 늙어빠진 외부모 등 가출해 버리고 싶은 끔찍한 가정 환경에 처해 있는 경우가 많다. 그녀는 외형상 그럴싸하게 위장된 모습과 행동으로 관계하고 있는 모든 위원회를 휘어잡고 있다. 그러나 그녀의 인생은 공허하고 많은 사람에게 둘러싸여 있어도 외롭긴 마찬가지다. 우리는 괜히 분주해 하는 사람들의 눈 속에 감춰진 슬픔의 표정을 놓쳐서는 안 된다.

해리엇을 어떻게 대할 것인가?

그녀의 친구가 되어 주려고 노력하라! 그녀는 너무 바빠서 그녀와 친해지는 데는 노력과 계획이 필요하지만 기회가 닿으면 몇 가지 사적인 질문을 해 보라. 어린 시절이나 현재의 집안 형편에 대해 이야기하도록 권유하되 약점을 보이기 싫어하므로 쉽게 접근할 수 있으리라고는 기대하지 말라. 그녀의 그런 점만 이해한다면 내면 깊숙이 잠재해 있는 그녀의 절실한 필요의 한 가닥을 끄집어낼 수 있을 것이다.

기독교 지도자 세미나에서 보면, 해리엇처럼 부정적인 성향이 강한 여자들이 상담을 해 오는 경우가 많다. 담즙질 기질로 인해 비참했던 자신의 어린 시절에 대한 이야기는 깊이 묻어 두고 주위의 어느 누구에게도 발설하지 않는다. 또한 스스로 약해지지 않기 위해 실망스런 결혼 생활이나 껄끄러운 인간 관계를 일부러 외면해 버리는 사람도 있다.

교회에서나 사회에서 모든 일을 도맡아 하는, 전형적인 해리엇 타입의 매우 능력 있는 한 여자가 그 세미나에 참석했다. 그녀는 소그룹으로 모여서 분임 토의를 해야 할 순서인데 좀처럼 그 모임에 참석하려 들지 않았다. 남들에게 **피동적**으로 당하거나 자기를 드러내야 할 자리는 피하고 싶었던 것이다. 대부분의 담즙질처럼 그녀도 역시 자기가 주도권을 쥐고 있지 않은 상황에는 끼어들기 싫어했다.

이런 겁 없는 사람들이 가장 겁내는 두 가지는 수동적이 되거나 주도권을 뺏기는 것인데, 이 숨겨진 약점을 이해할 때 비로소 그들을 도울 수 있다.

세미나 사흘째 되던 날, 나는 아주 덩치 큰 여자가 강의실 구석에 서 있는 것을 발견했다. 눈물이 얼굴을 타고 흘러내리고 있었다.

"무엇이 잘못됐어요?"

"아무것도 아니에요. 나는 너무 드센 여자인 것 같아요!"

그녀는 얼버무렸다.

담즙질은 누구에게라도 강해 보이고 싶어한다.

"그렇지만 당신은 울고 있지 않습니까?"라고 반문하자 그녀는 눈물을 왈칵 쏟았다. 그래서 그녀를 한 상담자에게 데려다주었는데, 그녀는 남편이 아무 일도 안 하고 빈둥거리면서 그녀가 돈 버는 것에 대해 사사건건 비난만 해대서 도저히 참을 수 없는 지경에까지 이르렀다고 말했다. 그녀는 실컷 울고 싶었던 것이다.

그녀는 외관상 침착하고, 책임감이 강하며, 심지가 굳은 사람처럼 보였기 때문에 사람들은 그녀에게 접근하기를 꺼려했다. 그렇기 때문에 오히려 어떤 사람 앞에서는 약하고, 그 사람이 시키는 대로 고분고분하길 원했으며 또 그런 사람의 도움이 절실했다. 그러나 그녀는 도움은 필요했지만 자신을 둘러싸고 있는 갑옷의 갈라진 틈은 보여 주기 싫었던 것이다.

성급한 판단을 내리지 말라! 모든 일을 잘 처리하는 강한 여성을 보면 그것이 위장일 수도 있다고 생각하라. 그렇다고 너무 성급하게 바람부는 대로 내몰지는 말라. 상의할 문제가 없다는 사람이 사실 가장 큰 문제를 갖고 있다. 이 점을 안다면 겉으로 자신만만해 보이는 사람의 내면에 흐르는 것에 대해 진정한 관심을 가질 수 있을 것이다.

많은 활동을 하게 하라! 일에 미쳐보지 않은 사람은 일을 할 때만 행복해 하는 사람을 도저히 이해하지 못한다. 그들은 가만히 앉아 있지 못하고 TV 보는 것도 싫어한다. 항상 무언가 성취해야만 한다. 이 점이 이해가 되든 안 되든 그들이 일하도록 가만 내버려둬야 주위 사람이 편안해질 수 있다.

결혼 후, 처음 방문하신 시어머님께서 손수 스토브를 분해하여 쇠 수세미로 오븐 석쇠를 일일이 번쩍번쩍 광이 나도록 닦아냈을 때, 솔직히 나는 마음에 상처를 받았고 모욕감마저 느꼈다. 그 일은 주부로서의 나의 능력에 대한 개인적 징계로 받아들여졌고, 어머님이 다음에 오실 때는 먼지 묻은 구석이 전혀 없도록 미리 깨끗이 닦아냈다.

깨끗하게 청소를 마친 어느 겨울날, 모임에 참석하게 된 나는 시어머님께 집에 와 계시도록 부탁했다. 모임에서 돌아왔을 때, 시어머님은 노란 고무장갑을 낀 채 현관에서 나를 맞아주었다. 그녀는 자랑스러운 듯 나를 부엌 싱크대로 데려가더니 여름에 쓰려고 베란다 한쪽 구석에 놔둔 바람 빠진 낡은 뗏목형 고무 튜브 3개를 끄집어내셨다. 먼지가 쌓이고 거미줄까지 쳐진 튜브를 찾아내 닦고 계셨던 것이다!

그 끔찍한 경험이 있은 후, 나는 시어머님은 무슨 일이든 해야만 직성이 풀린다는 사실을 알게 되었다. 시어머님 자신의 가치는 얼마나 많은 일을 성취해 내느냐에 달려 있으며 손님처럼 가만히 앉아 있으면 자신을 아무짝에도 쓸모 없는 존재처럼 느낀다는 것을 비로소 깨달았다. 습관적으로 청소를 하는 것은 나를 모욕하기 위해서가 아니라 그렇게 해야만 기분이 좋아지기 때문이라는 것을 이해한 후에야 나는 마음이 편해졌고, 그후로는 시어머님이 하는 대로 가만 내버려두었다.

그녀가 오븐을 번쩍거리게 닦은 후, 나는 광이 나는 양쪽 옆 부분이 반사되도록 창문을 열고 덩굴이 늘어진 멋진 화분을 오븐 선반 위에다 올려 놓았다. 그날 저녁 집에 돌아온 식구들은 모두 번쩍이는 스토브와 오븐 창살 위로 화분의 이파리들이 빛을 반사하며 흘러내리는 모습을 보고는 멋지다고 난리였다.

만약 신기료장수 난쟁이들이 밤을 새워 신발 만들기를 원한다면 하게 그대로 두라. 그러면 틀림없이 새로 만든 그 신발을 선물받고는 감사하게 될 것이다.

밥과 해리엇 같은 사람들의 뛰어난 일 처리 능력을 인정하라! 그들은 이러한 능력 때문에 교회나 사회 활동에서 최고 직분까지 쉽게 올라간다.

아무도 원하지 않는 직분이지만
자신들이 그 일을 할 수 있음을 알기 때문이다.

이들은 구태여 회장이 되려고 하지 않아도 사람들이 시켜 주며 맡은 일마다 잘 해내는 것에 신기할 정도다. 이런 속담도 있지 않은가?

"어떤 일을 끝내려거든 바쁜 사람에게 맡겨라!"

밥과 해리엇은 일을 잘 처리하고 또 열심히 한다. 그러나 그들의 그 열성과 능력 때문에 권력만 좇는 사람으로 몰려 종종 쫓겨나기도 한다. 또한 담즙질의 사람에게 일을 맡겨 놓고 깨끗하게 끝냈을 때, 시기하는 그런 사람은 되지 말아야 한다.

래리 레이지

죄악 기록부를 갖고 다니는 겔트루드 그루지와는 반대로 래리는 사람들을 좋아하고 또 사람들도 그를 좋아한다. 중용파인 그는 어디에나 어울리며 남에게 폐를 안 끼치는 사람이다. 교인들은 유별나게 래리 같은 사람 주위에 몰린다. 떠벌리기를 좋아하는 다혈질들은 이야기를 잘들어줘서 좋아하고, 또 군림하기 좋아하는 담즙질들은 동의를 잘해 주므로 자기 주위에 그런 사람들을 끌어모으려 든다. 침울한 우울질들은 자기들이 어떤 기분에 있든 잘 맞춰주니까 좋아한다. 교회 내에서 점액질은 인기가 있고 거의 흠이 없는 것처럼 보이는데 무엇이 문제인가?

점액질은 책임지는 일을 꺼리고 새로운 일에 흥미가 없으며 실천하는 행동파들을 비판한다. 그러면서 그것이 나쁘다고 생각하지 않고 오히려 잘하는 일이라고 생각한다. 하려고는 들지 않으면서 오히려 그 일에 대해 책임진 사람보다 더 잘 안다. 그들은 아무리 거창한 일도 탐탁치 않게 느끼고 능력 있는 사람은 독촉만 잘하는 사람으로 낙인찍는다. 매사에 몸을 사려 다른 사람의 의욕마저 꺾어버리기 일쑤지만 적극적인 사람이나 그 가족과도 사이좋게 지낸다.

다혈·담즙 혼합형의 활동적인 신디 프리만(Cyndi Freeman)은 내가 속한 기독교 지도자 세미나 협회의 직원인데 자기의 점액질 남편을 두고 "내 남편은 내 몸에 달려 있는 많은 풍선 줄을 들고 언덕 위에 서 있는 사람이다. 나는 현란한 색깔의 많은 풍선에 매달려 하늘 높이 이리저리로 날아다닌다. 내가 너무 많은 풍선을 달고 너무 멀리 갈 때면 그는 조용히 줄을 당겨 땅 위에 나를 내려 놓는다."라고 말한다.

그렇다. 점액질은 인생을 가장 조화롭게 산다.

래리 레이지는 왜 그런 성격을 갖게 되었는가?

인간이라면 누구나 원만한 성격을 가지고 인생을 편하게 살고 싶어 하지 않는가? 점액질은 천성적으로 타고나는 것이다. 그들에게는 문제에 개입하기보다는 모르는 척하는 것이 훨씬 편하다. 이 회피하려는 성격 때문에 모험적인 일이나, 인간 관계나 사업에 열정을 갖지 못한다. 점액질은 자라면서 평범한 것이 좋은 것이란 걸 깨닫게 되지만 다른 사람들의 호감을 사기 쉬운 성격이라 종종 떠밀리다시피하여 지도자 자리를 맡기도 한다. "혹자는 위대하게 태어나고, 혹자는 그것을 쟁취하지만, 때로는 자기도 모르는 사이에 위대해 진다!"[21]라고 한 셰익스피어의 마지막 말은 점액질을 두고 한 말임에 틀림없다.

래리 레이지는 무엇이 문제인가?

열성을 내지 않는다는 것을 기억하라! 담즙질과 점액질은 대체적으로

---

21. William Shakespeare의 희곡 12(夜)에서 발췌

서로 매력을 느끼지만 그 관계가 평탄치만은 않다. 담즙질은 점액질이 큰소리를 내고 기가 살도록 끊임없이 부추기지만 어떤 방법으로도 천성적인 점액질의 중립적 기질을 흥분시킬 수 없음을 알고 힘이 빠진다. 점액질은 기가 살아나기는커녕 오히려 의지가 강한 담즙질에게 압도당해 물러서 버리거나 그가 하는 대로 가만히 있는다.

내 딸 로렌(Lauren)은 담즙질인데 한때 주일학교에서 점액질과 협동 교사를 한 적이 있다. 같이 수업 준비를 하는 동안 점액질 교사는 교재물에 대해 전혀 열성을 내지 않았다. 그녀는 스스로 애쓰거나 제안하는 법이 없었고, 내 딸이 성공적으로 애들을 가르쳐도 한 번도 칭찬하지 않았다. 그런 속에서 탈없이 관계를 지속하려면 점액질은 여간해서는 흥분하지 않는다는 점을 반드시 기억해야 한다. 다시 말해 기가 살아서 같이 흥분하는 래리 레이지는 기대 안 하는 것이 낫다.

또한 책임질 일을 회피한다는 것을 이해하라! 당신이 점액질 사람들로만 구성된 위원회의 위원장이라면 그 위원들은 별로 바라는 것이 없다는 것을 알게 될 것이다. 그들은 원칙을 듣고 동의는 하지만 실천은 하지 않는다. 달성해야 할 많은 목표를 한꺼번에 효율적으로 추진해나갈 방법이 있더라도 래리 레이지는 기껏해야 한 번에 하나씩만 하려 든다.

어느 날, 선물 가게에서 한 여자가 그녀의 점액질 남편에게 이렇게 말한 것을 들은 적이 있다.

"나는 30년 동안이나 우리 가정의 의사 결정권자 역할을 했어요. 이제 당신이 결단을 좀 내려봐요. 난 사임하겠어요!"

그녀는 얼이 빠진 남편을 남겨둔 채 가게 문을 박차고 나가버렸다.

그들은 부활절 달걀 같은 문제를 숨기려만 든다는 점을 알라! 래리 레이지 같은 사람에게 있어 문제를 해결하는 가장 좋은 방법은 그 문제를 숨기는 것이다. 몇 개는 나뭇가지 높이 아무도 못 보는 곳에, 몇 개는 찾으려면 한참 돌아야 하는 큰 둥지 뒤에, 또 몇 개는 무거운 바위 그 밑에 숨긴다. 이 말썽 많은 달걀을 숨기는 것은 "안 보이면 잊어버린다."는 그들의 철학과도 맞아떨어지고, 다시 그 문제를 제기하기 전까지는 그런대로 먹혀 든다.

다혈질이라면 "저 나무 꼭대기의 말썽거리들을 보라. 가지가 흔들리면 어쩌지? 왜 저곳에 달걀이 올라가 있지? 부활절 달걀을 몽땅 터뜨려서 계란 프라이를 만들어 버리든가 해야지!" 할 것이다.

우울질은 나무 사이를 거닐다가 여름 햇살에 썩고 있는 오래된 부활절 달걀을 보며 "이게 왜 이렇게 됐지? 이 문제들은 오래 전에 다 해결했는 줄 알았는데 도대체 지금 와서 어떻게 하란 말이야?"라며 투덜거릴 것이다.

담즙질은 모든 것을 바로잡아야 직성이 풀리는 성격이므로 바위를 보이는 대로 차고 엎고 야단일 것이다. 점액질이 문제를 몽땅 숨겨 놓은 걸 안다면 "두 번 다시 그에게 내 달걀을 맡기지 않겠다."고 맹세할 것이다. 문제를 해결하길 원하면 달걀 광주리를 래리 레이지에게 맡기지 말라.

어떻게 하면 점액질들을 움직이게 할 수 있는가?

다른 기질과는 달리 점액질은 까다롭지 않고 평탄한 고원처럼 아무 문제가 없다. 쉽게 흥분하지 않고 논쟁을 피하려 한다는 점만 인정하면 그들과 사귀는 데 그다지 골치 아픈 일은 없다. 용기가 있다면 그들이 움직일 수 있도록 동기를 유발해 보라. 그러나 그것이 오히려 부담이 되어 그들을 꼼짝도 않게 할 수 있을 것이다.

점액질의 남편과 결혼한 담즙질인 내 딸 로렌은 :

첫째, 모든 일을 스스로 할 것인지,

둘째, 다른 제3자가 하게 할 것인지,

셋째, 남편이 하도록 유도하는 방법을 찾을 것인지,

이 셋 중 한 가지 방법을 택해야만 했다.

로렌은 바베큐 난로를 비추는 조명등의 전구를 갈아낄 때가 되어 남편 랜디(Randy)에게 부탁했더니 해 주기로 약속했다. 점액질은 무엇이든 안 되는 일이 없지만 실제로 되는 일도 없다.

몇 주가 지난 후, 로렌은 할 수 없이 전구를 사다가 조명등 바로 밑에 있는 사다리 위에 얹어 놓았다. 어느 캄캄한 밤에 로렌은 랜디에게 바베큐 난로에 스테이크를 구워달라고 했다. 랜디는 밖으로 나가기가 무섭게 되돌아와서는 "밖이 어두워 아무것도 안 보여!"라고 했다. 그는 전구를 갈아 끼우지 않아 밖이 컴컴하다는 걸 마치 로렌이 모르고 있는 양 시치미를 뗐다. 그녀는 남편을 사다리까지 데려다 주었고 그제서야 그는 새 전구로 갈아 끼웠다.

한 세미나에서 이 이야기를 했더니 어떤 여자가 자기도 똑같은 경우가 있었다고 이야기했다. 그녀의 점액질 남편은 새 전구로 갈아 끼울 궁리조차 않고 손전등을 들고 와서는 아내더러 고기 구울 동안 난로 위를 비추고 있으라고 했다는 것이다. 동기가 기발하지 않고서는 래리 레이지 같은 사람을 움직이게 할 수 없다!

샐리 스피리츄얼

샐리 스피리츄얼의 기질은 드물게도 담즙질과 점액질의 혼합형이다. 천성적으로는 담즙질인 것이 분명하다. 그녀는 모든 교회의 캐비닛과 옷장을 자기의 확고한 통제 아래 둘 수 있는 열쇠 꾸러미를 휴대하고 있고, 교회 시설 안내를 도맡아 하며, 성경 말씀에 어긋나는 짓은 전혀 하지 않는다.

이런 그녀가 어떻게 점액질 기질도 갖고 있는가? 대부분의 담즙질은 자기가 도맡고 있지 않는 일에 대해서는 한 발 뒤로 물러서서 점액질처럼 행동한다. 내 경우와 마찬가지로 담즙질끼리 결혼하면 한 가정에 군림하려는 사람이 둘이 되기 때문에 마찰이 생기기 마련이다. 가정이나 직장에서 담즙질 두 사람이 함께 있을 경우 :

첫째, 한 공동 목표를 향해 합의해서 같이 협력하거나,

둘째, 주도권을 잡기 위해 서로 싸우거나,

셋째, 한 사람이 물러서서 점액질의 역할을 하는 풍경이 발생한다.

나는 세 번째 방법을 해결책으로 택했다. 그 당시엔 기질에 대해 아무 지식도 없었지만 나는 남편 프레드를 통제할 수 없음을 깨달았다. 의견 차이가 자주 났지만 그렇다고 나보다 덩치도 훨씬 크고 돈도 많이 버는 남편과 감히 싸울 수도 없었다. 그래서 나는 순종하는 것을 배웠다. 그때 내게 기질에 관한 지식이 있었다면 담즙질과 점액질의 절묘한 혼합형으로 행동할 수 있었을 것이다. 즉 내가 모든 일의 주역인 사회에선 담즙질, 집에서 프레드와 함께 있을 때는 점액질 구조로 말이다.

샐리는 왜 그런 성격을 갖게 되었는가?

아마도 샐리의 부모 중 한 사람은 독재적이고 권위에 가득 찬 담즙질이었을 것이다. 샐리는 어려서부터 자기 마음대로 하려면 열쇠를 갖고 있어야만 한다는 것을 보아왔을 것이다. 샐리는 문자 그대로 "교회 안에서" 자라다시피 해서 교회가 최우선이 되어야 한다는 것이 몸에 배여 있다. 샐리는 성경 말씀에 대해 빠짐없이 공부했고 그것을 다른 사람에게 가르쳐 주고 싶어 안달이다. 그녀의 생활 규칙은 매우 율법

적이라 그녀의 아이들은 오히려 교회를 싫어하게 되었다.

그녀의 부모 중 한 사람은 점액질이라 충돌이 있을 때는 언제나 한 발 물러서서 양보했을 것이다. 샐리는 이 부모로부터 전체적인 결과가 어떻게 되든 상관하지 않으려 드는 기질을 배웠을 것이다.

샐리는 다른 사람에게 무엇을 기대하는가?

그녀는 신실한 교인이라고 인정받고 싶어하고 사람들이 그녀의 헌신을 칭찬해 주길 원한다. 또 무슨 일이든 시켜 주길 바란다. 자기에게 무슨 일이 생기면 전 교회가 난리가 날 정도였으면 하는 것이다.

담즙·점액질 혼합형의 사람은 왜 그러한 기질을 갖게 되었는가?

이러한 성격은 천성적으로 타고난 것이 아니라 생존 목적을 위한 편의상의 혼합이다. 본성적으로 담즙질이면서도 가정이나 직장, 교회에서 주도권을 잡으려는 자신의 시도가 파탄을 일으킬 수 있는 특수한 경우에는 점액질인 것처럼 행동한다. 기질 플러스 세미나에서 어떤 여자가 자기는 이중적 성격이라고 해서 그 이유를 물었더니, 맞서기에 벅찬 담즙질 남편 때문에 가정에서는 양보를 하지만, 큰 군청의 책임자인 직장에서는 자기 말이 곧 법이다시피 하다는 것이다. 그녀는 정서적으로 아무 문제 없는, 능동과 수동의 이중 구조 성격을 갖고 있었다. 다른 사람들과 잘 지내기 위해선 서로 다른 두 인격체가 되어야한다는 것을 경험을 통해 배운 것이다.

이 예외적인 이중 성격은 때때로 정반대의 모습으로 나타나기도 한다. 본성은 점액질인데도 지위상 어쩔 수 없이 담즙질인 것처럼 위장한다. 점액질은 쉽게 적응하는 타입이라 돈에 유혹을 받거나 목숨에 위협을 받으면 담즙질 사람처럼 행동한다. 직장에서는 점액질으로 있다가 담즙질 배우자가 아프거나 부재중일 경우 할 수 없이 집에서 리더십을 발휘하여 담즙질 역할을 하는 경우도 있다.

담즙·점액질 혼합형의 이중 성격일 경우 그 중 하나는 본성이고 다른 하나는 삶에서 습득한 후천적 기질이다.

그들을 어떻게 대해야 하는가?

질문을 많이 하라! 우선은 그의 천성은 무엇이고 살면서 습득한 후천적 기질은 무엇인지를 알아내야 한다. 그래야만 그들의 기질에 적절한 대처 방안을 마련할 수 있기 때문이다. 상호 관계가 우호적이라면 상황을 봐서 당사자에게 그의 특성에 대해 이야기해 줄 수 있다. 이런 부자연스런 이중 성격자들은 자기 본성이 무엇인지 자기 자신도 모르고 있는 경우가 많다.

자기 자신을 제대로 알지 못하면 남을 이해하거나 도와주기 어렵다는 것을 기억하라.

본성이 점액질이라면 그 사람은 "남에게 맡긴다"는 주의다. 천성에 맞지 않는 일을 맡도록 강요하면 점액질은 언제나 뒤로 물러서려 하고, 또 억지로 떠맡게 되면 후회한다. 그러나 일단 일을 맡게 되면 서서히 지도자로서의 책임과 환경에 잘 적응하는 균형잡힌 사람들이다.

담즙질이 본성이라면 주도적 위치에 있지 않으면 불편해 한다는 것을 기억하라. 이들은 남자든 여자든 강한 자가 이끌어야 할 필요성 때문에 쉽게 지도자로 세워지지만 곧 이중적 성격이 드러난다.

내 딸 마리타(Marita)는 한때 점잖은 대륙풍 기질의 백만장자와 데이트를 한 적이 있다. 그는 정중하며 품위와 절도가 있었다. 가족과 함께 외식을 할 때면 자기가 잘 아는 식당으로 가서 귀빈 대접을 받고, 저녁 식사 기념품으로 여자들에게 금장 크로스펜과 꽃을 주곤 한다.

우리 가족은 크리스마스 때, 그를 집으로 초대한 적이 있었다. 그는 선물을 들고 늦게 나타났고 불안해 하면서 우리와 함께 앉으려고 하지 않았다. 그의 당당한 기질은 어디론가 사라지고 알 수 없는 별난 행동에 우리 모두는 불편해 했다. 그러나 다음에 그를 봤을 때는 본래의 모습으로 돌아가 있었다. 그때서야 그는 편안한 곳에서 주도적인 위치에 있을 때만 자기 처신을 올바르게 하고, 그렇지 않은 경우 후퇴해서 점액질처럼 되어 버린다는 사실을 확인했다.

이처럼 일반적으로 담즙·점액질 혼합형은 천성적이라기보다 기능적이다. 한 기질이 본래 기질이라면 다른 하나는 험한 인생 항로에서 살아남기 위한 구급 상자 역할을 하는 것이다.

데비 디프레스드

"천성이 불평스러운" 사람들이 모여 전국불평가협회를 조직한다면 틀림없이 데비 디프레스드가 회장감이다. "투덜거리고 깔아뭉개고 난도질하는 것을 포함해 모든 불평을 할 수 있는 자격을 수여함"[22]이라고 적힌 회원 배지와 증서를 제일 먼저 받을 만하다.

사람들이 가장 혐오스러워하는 유형의 사람을 하나만 들라면 아마도 불평하고 투덜거리며 스트레스로 가득 찬 푸념가일 것이다. 그 수많은 하나님의 인도하심을 받고도 끊임없이 원망하고 다투며 광야를 방황했던 이스라엘처럼 "아무도 불쌍하고 가엾은 나를 생각해 주는 사람은 없어!"라고 불평하며 항상 자기를 덮고 있는 검은 구름의 냉기를 주위 사람들에게까지 드리우는 사람이다.

"천성이 불평스러운" 사람들의 전국불평가협회 회원이 될 만한 사람들은 주위에 수없이 많다.

그들은 왜 그런 성격을 갖게 되었는가?

과연 그들은 태어나면서부터 불평하는 사람들인가? 17년 동안 계속해온 사람의 기질에 관한 내 연구에 따르면 누구나 장단점을 갖고 태어나며 그 중에는 천성이 불평스러운 사람도 얼마든지 있다.

---

22. San Bernardino(성베르나르딘지). Sun, April 15, 1984

그들은 대개 쉽게 상처받지만 그 상처를 극복하기 위한 노력은 그다지 하지 않는 우울·점액질 혼합형이다. 인생의 온갖 문제에 대해 부정적으로 반응하며 어떠한 상황도 불평없이 받아들이는 법이 없다.

비관적인 성격을 타고났기 때문에 항상 최악의 경우를 걱정하고 부정적으로만 이야기한다. 다혈질이라면 별 무리 없이 받아들일 만한 꾸중도 그들에겐 평생 지우지 못할 상처로 남는다. 이 우울·점액질 혼합형의 사람들은 거부당한 경험이 많다는 공통점이 있는데 그 중 실제로 당했던 일도 있지만 혼자 지레 짐작한 것도 상당수였다.

- 나는 어머니로부터 사랑받지 못했다.

- 아버지는 아들만 원했다.

- 다른 형제들이 부모의 사랑을 독차지했다.

- 나이 많은 형들이 특권을 누렸다.

- 나이가 적어서 나만 야단맞았다.

- 선생님들이 나를 좋아해 준 적이 없다.

- 휴일은 오히려 집에서 꾸중 듣는 날이다.

- 아무도 나에게 자기 팀에 들어오라고 하지 않는다.

- 목사님은 내가 상담을 하려면 피한다.

- 배우자는 다른 사람에게 더 마음이 있다.

- 아무도 나를 파티에 초대해 주지 않는다.

- 아파서 병원에 가도 의사는 아무 이상이 없다고 한다.

매사가 이런 식이니 어떻게 주변에 있는 데비 디프레스드들에게 시험받지 않을 수 있겠는가?

불평 분자들은 무엇을 원하는가?

행복한 사람들은 불평 분자들 역시 행복해 지길 바랄 것이라고 생각한다. "인생은 그리 나쁜 게 아냐. 사물의 좋은 면만 보도록 해봐!"라고 말하며 기분을 돋구려고 애쓴다. 그러나 그들의 기분은 쉽게 좋아지지 않으며 바로 그 점 때문에 더 짜증스러워한다. 과거에 자기를 거부한 모든 사람을 머리 속에 그려보며 자기도 그들에게 똑같이 해 주겠다고 다짐한다. 그러나 그들 역시 자신이 정상이 아니며 신경 써주는 사람이 아무도 없으면 차라리 죽는 것이 낫다는 것을 안다.

> 그들은 좀더 나아진 환경,
> 자기를 거부하지 않는 친구,
> 자신이 미치지 않았다는 확신,
> 살아야 하는 이유를 알기를 간절히 원한다.

그렇다면 우리는 그들을 어떻게 대해야 하는가? 정상적인 사람들은 될 수 있으면 불평 분자들을 피하려 하고 천성이 불평스러운 사람과는 상종하지 않으려 한다. 그러나 여기에서는 그들과 친해 질 용기를 가진 사람들을 위해 몇 가지 제안을 하겠다.

어떻게 해야 데비 디프레스드와 잘지낼 수 있는가?

거부당할 것을 예상하라! 불평 분자들에게 접근하는 것은 실패로 끝날 것이 뻔하기 때문에 그들을 도우려고 애쓰는 사람은 거의 없다. 그들 또한 진정으로 자기를 도와주려는 사람이 아무도 없다고 믿기 때문에 누가 호의를 베풀면 일단 의심부터 하고 본다. "나한테서 어떤 이득을 보려는 거지?" 이것이 바로 그들의 뒤틀린 마음속에 가득 차 있는 의문이다. 이들은 대부분 이 단계에서 "아무도 불평꾼을 도우려 하지 않을 거야!"라는 선입관을 재확인하고는 포기하고 만다.

이런 식의 관계에서 무언가를 얻으려고 기대하면 실망뿐이다. 그러나 아무 대가를 바라지 않고 기꺼이 희생하겠다고 마음먹으면 데비와도 잘지낼 수 있다. 도움을 거부하는 것은 자기에게 상처 입혔던 모든 사람들에게 똑같이 해 주고 싶은 데비의 당연한 시도임을 이해해야만 그 거부로 인해 지쳐 포기하지 않고 다음 단계로 발전할 수 있다.

진정한 친구가 되라! 실제로든 상상으로든 데비가 거부당한 경험이 많다는 것을 기억한다면 왜 그녀가 자기 둘레에 담을 쌓아 놓고 아무도 들어오지 못하게 하는지 충분히 이해될 것이다. 너무 강력하게 접근하면 옆으로 밀쳐낼 것이다. 또한 우리가 그녀의 그런 모습에 실망스런 눈빛을 보인다면 그녀는 더욱 좌절할 것이다. 그러므로 데비와 같이 불만에 가득 찬 사람을 대하는 최선의 방법은 이해심 많고 동정적이면서도 조롱하거나 비웃지 않으며 그녀의 기를 죽이지 않는 것이다.

교회에 데비와 같은 불평꾼이 있다면 그가 관심을 가질 만한 모임이 언제 있는가를 알려주고 직접 데리러 가라. 가지 않으려고 핑계를 대면 "아기 봐줄 사람이 준비돼 있어요"라든지, "내가 끝까지 같이 있어 줄께요" 아니면, "그냥 몇 사람만 모일 거예요. 기도는 절대 안 시킬 게요"라는 식으로 상황에 맞게 잘 설득하라.

그녀와 어떤 일을 나눠서 하면 더 잘해낼 수 있을 거라고 격려하고, 점차 나아지는 점이 발견되면 놓치지 말고 진지하게 칭찬하라. 사람들이 그녀를 집적거리거나 놀리지 않게 하라.

그녀와 친척 관계에 있다면 사람이나 현실로부터 도피하지 않도록 계속 활동하게 하라. 객관적인 제3자에게 상담을 받도록 권유하는 것도 좋은 방법이다.

그녀가 당신의 아이라면 조용한 장소로 데려가 이야기 중간에 막지 않겠다는 약속을 하고 인생에 대해 어떻게 느끼고 있는지를 솔직하게 얘기하게 하라.

최근 한 조사에 따르면, 십대 청소년 50% 이상이 앞으로 10년 이내에 핵전쟁으로 인류가 멸망할 것이라고 믿고 있었다고 한다. 그들이 그렇게 절망하는 것은 하나도 이상할 것이 없다!

희망을 심어주라! 셰익스피어도 말하지 않았던가!

"절망한 사람에게는 다른 약이 없다. 오직 희망밖에"[23]

비탄에 빠진 사람들은 흔히 자기들은 미쳤고 더 이상 살아갈 이유가 없다고 생각하기 때문에 그들에게 소망을 심어주는 것은 참으로 하나님의 뜻에 동참하는 것이다. 비슷한 경험을 이야기해 주면서 그런 일 가운데서도 많은 것을 배울 수 있다고 설명해 주라. 다른 사람들도 똑같은 스트레스를 받고 있지만 견뎌내는 것이며, 하나님의 영광을 바라보며 즐거워하는 것임을 깨닫게 하라. 크리스천인 우리들은 소망 없는 사람들처럼 슬퍼해서는 안 되며, 우리가 낙망하고 환난을 겪을 때, 궁극적인 선한 목표를 위해 하나님께서 간섭하심을 보여 주라.

"… 하나님의 영광을 바라고 즐거워하느니라 다만 이뿐 아니라 우리가 환난 중에도 즐거워하나니 이는 환난은 인내를, 인내는 연단을, 연단은 소망을 이루는 줄 앎이로다"(롬 5 : 2-4).

내가 속해 있는 CLASS협회의 목표는 어떻게 하면 다른 사람들에게 소망을 심어줄 수 있는가를 가르치는 것이다. 우리 삶 가운데는 남들에게 소망의 빛을 비출 수 있는 승리의 경험들이 있기 마련이다.

캘리포니아 생거에 사는 캐롤린 힐데브란드(Carolyn Hildebrand)란 여자가 편지를 보내 왔다.

"하나님과 함께라면 능치 못할 일이 없다는 것을 특별한 방법으로 깨닫게 해 주신 주님께 감사드립니다. 2주 전, 저는 생거 크리스천 조

---

23. William Shakespeare의 희곡 Measure for Measure 3장에서 발췌

찬회에 참석하여 200명이 넘는 여성들 앞에서 간증을 하면서 기적 같은 일을 경험했습니다. 기질 플러스 세미나에 참석하기 전까지는 내 간증이 과연 청중에게 소망을 줄 수 있을지, 아니 연설이라도 제대로 해낼 수 있을지 도저히 자신이 없었습니다. 그러나 기도로 준비하고 연습한 결과, 과거에 자신에게 잘못했거나 학대한 사람들을 어떻게 용서할 수 있는지에 대해 담대하게 증거할 수 있었으며, 연설 도중 하나님께서 저를 통해 역사하고 계심을 분명히 깨달았습니다.”

많은 불평꾼들은 겔트루드 그루지나 데비 디프레스드처럼 아직도 과거의 상처들로부터 벗어나지 못하고 있다. 그 편지에서 캐롤린은 간증 후에 오랫동안 서로 알고 지냈던 여자들이 생전 처음으로 자신들이 과거에 겪었던 정신적 상처와 학대에 대해 털어놨다고 전했다. 여전히 과거의 상처에 시달리고 있는 사람들도 있었지만 많은 사람들이 캐롤린의 소망적인 메시지를 듣고 위로를 받았다.

현실적인 목표를 세울 수 있도록 도우라! 어떤 사람은 정서적으로 심하게 상처를 받아 정신 연령이 초등학교 3학년 정도밖에 안 되는 경우도 있다. 이런 사실을 염두에 두어 너무 많은 기대는 갖지 말고, 어느 정도 좋아질 때까지는 실패할 위험이 없는 실현 가능한 목표만 세우도록 도와주는 것이 현명하다. 예를 들어 점심을 먹으러 어디로 갈지를 선택하게 하거나 그녀 집에 가서 먹자고 하는 것, 또는 파티에 빵을 사오게 하거나 칠면조 요리를 만들어 오게 시키는 것이다. 이외에도 일일 생활 계획표 작성을 도와주거나 향후 2년 간 목표를 세우게 하는 것, 봄 대청소를 도와주는 것이나 토요일은 집안 청소하기에 좋은 날이라고 일러주는 것 등이 있다.

가능한 대안을 강구하라! 절망에 빠진 사람들은 종종 자신의 처지를 개선해 보려고 노력하지만 너무 꼬여 있어 간단한 대안을 찾지 못한다. 그들이 모든 가능성을 분석했을 것이라고는 생각하지 말라. 자신이 세운 일을 계획대로 진행했을 때, 예상되는 가장 이상적인 결과를 설명해보라고 하고 그것이 얼마나 현실성이 있는지 검토해 보라. 단지 장래에 대한 예상만으로도 그들에게 희망을 줄 수 있다.

어떤 불평꾼은 항상 새로운 상담자를 구하러 다닌다. 이제는 담임목사도 소용 없어 부흥사나 전도자가 집회하러 올 때마다 그들에게 자신의 처지를 상담하러 찾아가거나, 성경공부반에 들어가 교사에게 신세 타령을 늘어놓곤 한다. 모두들 진지하게 충고해 주지만 결과는 마찬가지다. 그들은 오히려 불행한 일을 즐기고, 그런 일로 남의 주의를 끌어 보려고 할 뿐 개선의 의지는 없기 때문이다.

불평꾼이 당신에게 하소연하러 오면 어떤 과제를 주어 그것을 해결하기 전까진 만나지 않겠다고 말하라. 그의 하소연이 진실이고 정말로 당신의 우정이 필요하다면 노력할 것이다. 그렇지 않고 단지 주의를 끌기 위한 것이었다면 애쓰지 않을 것이며, 그러면 다시는 그를 만나 줄 필요는 없다.

주의할 것은 데비 같은 사람은 자신을 기꺼이 돌봐주는 친구 한 사람에게 너무 의지하려는 경향이 있다는 것이다. 그렇게 되면 당신은 그녀에게 얽매이게 되고, 그녀를 놔두고 혼자 어딜 가면 그녀는 당신이 죄의식을 느낄 정도로 슬퍼할 뿐 결코 나아지지 않는다. 불행하게도 이런 사태가 발생하면 그 관계에서 빠져나오는 수밖에 없으며, 그녀는 모든 사람이 자기를 거부한다는 편견을 다시 한번 확신하게 될 것이다.

조이스 저징과 길다 길트

조이스와 길다는 상호 보완적인 혼합형이다. 조이스는 강하고, 외향적이며, 군림하거나, 심판하려 들며, 조소적이고, 잔소리가 많은 담즙질이다. 그러면서도 학구적이고, 가르치기 좋아하며, 분석적이다. 또한 잘못된 것을 잘 기억하고, 집에서는 침체되어 있으며, 남에게 능력 이상을 요구하는 우울질 기질도 어느 정도 갖고 있다.

길다는 희생적이고, 창조적이며, 끈기가 있으면서도 잘못된 것을 잘 기억하고, 다른 사람에게 죄의식을 느끼게 하며, 여간해서 즐거워하지 않는 우울질이다. 그러면서도 의지가 강하고, 목표 지향적이며, 도맡아하려 들면서도 책략적이다. 다른 사람에게 시키기를 좋아하고, 소유욕이 강한 담즙질 기질도 어느 정도 있다. 장악하고자 하는 담즙질 기질과 완전히 성취될 때까지 지켜보는 끈기 때문이다. 이런 사람은 리더십과 성취도에 있어서 뛰어나며 사람을 자기 뜻대로 교묘하면서도 눈치채기 힘들게 조종한다.

　기질 특성 프로필 조사 결과, 담즙질과 우울질이 비슷하게 혼합된 사람을 살펴보면 대체로 끊임없이 남을 자기 틀에 끼워 맞추려 하여 있는 그대로의 모습에 결코 만족하는 법이 없다. 쳐다보기만 해도 그 사람을 안절부절 못하게 하며 자기 앞에서 꼼짝 못하게 만든다. 뛰어난 판단력을 갖고 있어 그가 하는 결정은 거의 정확하지만 인정미가 없다.

　나는 담즙·우울질 혼합형의 남자가 다혈질 여자와 결혼해서 아내를 개조하려는 경우를 많이 보았다. 이 경우 남자는 너무 강하고, 과단성 있는 수완가이기 때문에 가볍게 생을 즐기려는 다혈질 아내를 자신이 누구인지 모를 정도로 뜯어 고치려고 한다.

　담즙·우울질 남편에 다혈·우울질(거의 드문 경우지만) 아내인 경우 으레 "아내가 바뀌고 있겠구나!" 하고 예상할 수 있다. 최근 이런 경우의 한 남자에게 결혼할 당시 아내의 어떤 성격이 마음에 들지 않았는지 물어 보았더니 순식간에 몇 가지를 읊어댔다.

　"그래서 어떻게 했어요?"

　"몽땅 뜯어 고쳐 버렸지요!"

　"그럼 바뀐 부인은 마음에 드세요?"

　"더 이상 재미없어요!"

　다시 그 남자의 아내에게 "결혼하기 전과 후에 달라진 것이 있어요?"라고 물어보았더니 그녀는 "네! 남편이 제 성격을 뜯어 고치기 전, 저는 아주 재미있는 사람이었어요. 그런데 지금은 저도 제가 누군지 모르겠어요!"라고 대답했다.

그 남자는 자기가 아내에게 어떤 일을 했는지 비로소 깨달았다. 자기와 정반대되는 성격 때문에 사랑했던 여자를 자기 자신과 같은 사람으로 바꾸어 놓았던 것이다. 그러나 바뀐 결과에 그는 만족하지 않았고, 그녀 역시 마찬가지였다.

예상 외로 남자는 그답지 않게 머뭇거리면서 "이제 어떻게 하면 좋을까요?"라고 물었다.

"아내에게서 손을 떼고, 그녀의 인생을 마음대로 조종하지 마세요. 그녀가 밝고 흥겨운 본래 성격으로 되돌아 가게 두세요!"라고 말하자 그의 아내는 "그러실 수 있어요? 정말 그렇게 해 주실래요?"라며 울면서 남편에게 매달렸다. 그는 아내를 끌어안으며 "여보, 정말 미안하오. 내가 한 짓이 어떤 짓이었는지 몰랐소!"라고 사과했다.

그러나 이 경우처럼 담즙·우울질 남자가 자기 실수를 인정하고 사과하며 고치는 예는 아주 드물다.

조이스 저징과 길다 길트는 왜 그런 성격을 갖게 됐는가?

우선 그들의 천부적인 기질적 특성은 그들의 앞날을 위한 발판을 마련했다. 그 능력으로 그들은 자신들의 어머니를 굴복시켰고, 선생님들을 감동시켰으며, 친구들을 능숙하게 다룰 수 있었다.

일찌기 어린 나이에 가족과 친구들 모두에게 능숙한 해결사가 될 수 있었던 조이스는 사람들에게 무슨 문제가 있느냐고 묻는다. 그리고 그들이 조이스의 조언을 듣고 해결 내지는 개선할 수 있어서 감사한다고 생각하며, 그리고 길다는 죄책감으로 자제한다.

"당신이 나를 정말 사랑한다면 당신은…", "당신이 내 의견을 존중한다면 당신은…"

그들은 어떤 삶을 원하는가?

둘 다 창조적이고 남을 조정하려 들기 때문에 그들의 내적 욕구는 사람과 상황을 자신의 취향에 맞게 뜯어 고치는 것이다. 그들은 순종적이며 줏대 없는 사람들로 둘러싸인 사람은 행복해 질 수 없다고 믿기 때문에 다른 사람을 자기 식으로 뜯어 고치려는 자신들의 행동을 전혀 나쁘다고 생각지 못한다.

우리 주위에도 자신과 비슷하게 보고, 걷고, 앉고, 손짓하는 축소판 추종자들로 둘러싸인 지도자들을 얼마든지 볼 수 있다. 온 교회가 담임 목사의 취향을 맹목적으로 따르는 경우도 있지 않은가!

오랫동안 자신을 개조시키려는 남편을 둔 여자와 최근 일주일을 함께 보낸 적이 있다. 그 남편은 자신의 말이 곧 아내의 말이 될 정도로 아내를 뜯어 고쳐놨다.

분임 토론 때마다 그녀는 "제 남편 딕이라면 아마…"라고 덧붙이는 것이다.

며칠 후, 우리는 이렇게 요구했다.

"당신 자신의 의견은 없습니까? 우리는 딕의 의견을 듣고 싶은 것이 아니라 당신의 의견을 듣고 싶습니다."

그러나 그녀는 어떤 의견도 내놓지 못했다. 수년 동안 순수한 자신의 생각을 가져본 적이 없기 때문이다.

담즙·우울질은 오로지 잘못된 것을 뜯어 고치고 상대를 자기의 고상한 수준까지 끌어올리는 데만 관심이 있다. 목표는 바람직하지만 그 결과 상대는 자기가 누군지도 모르게 된다. 목사나 상담자들은 그들이 어떻게 해서 그렇게 됐는지 전혀 모르는 채 상담에 응한다.

담즙·우울질 여자도 남편을 개조하려 들고, 아이들의 기질이 어떻든지 그들을 자신이 원하는 유형으로 바꾸는 데 매우 큰 영향력을 발휘한다. 자기 지시에 잘 따르는 아이를 가장 좋아하고, "모전자전(母傳子傳)"의 본보기를 따를 생각이 없는 아이는 반항적이라고 생각하여 멀리한다.

조이스 저징과는 어떻게 해야 잘 지낼 수 있는가?

듣고 배우라! 조이스의 남편만 아니라면 성격을 개조시키려는 그녀의 충고를 고맙게 받아들이면서 어떤 식으로든 고쳐 보려고 노력을 했을 것이다. 그녀의 충고는 쓸 만한 것이 많고 실천하면 좋은 결과를 가져올 수도 있다. 그 충고가 자기와 전혀 맞지 않으면 안 따르면 그만이지만 그녀가 생각해준 데 대해선 감사하는 마음을 가져야 한다.

그러나 상대가 그녀의 남편이라면 문제는 심각해 진다. 담즙·우울질은 무엇이든 장악하고 개조하려 들기 때문이다.

우리는 기질 특성 프로필 조사 결과를 놓고 깊이 있는 대화를 하던 중에 좋은 결과를 얻곤 한다. 그 표를 가지고 그 사람의 장점을 확인시켜 주면서 옆에서 조금만 도와주면 그는 최소한 몇 가지 대단치 않은 자기 약점을 눈치 빠르게 알아챈다. 원래 기질로 돌아가면 서로가 더 행복해질 수 있을 거라고 지적해 주면 강압적인 배우자라도 조금은 수그러든다. 담즙·우울질은 매사에 바른 것을 원하므로 더 행복해 질 수 있다는 말에 귀가 솔깃해 진다.

이야기하게 하라! 강압적인 배우자에게 자기 아내나 남편에 대해 또 상대의 본성에 대해 어떻게 생각하는지 이야기하게 해야 한다. 비록 그의 평가에 동의할 수는 없겠지만 그 평가를 주의 깊게 들어준다는 것만으로도 그는 흐뭇해 할 것이다.

다른 사람이 자신을 어떻게 생각하는지 신경 쓰이는가?

대부분의 사람들은 다른 사람들이 자신을 어떻게 생각하는지에 대해 매우 민감하다. 자신이 생각하는 자신의 모습은 변화무쌍해서 다른 사람이 객관적으로 평가하는 말을 그대로 받아들이기 힘들기 때문이다.

조이스 같은 사람은 쉽게 흥분하는 사람을 깔아뭉개길 좋아한다. 놀림을 당해도 꿈쩍 안 할 정도로 심지가 굳은 사람은 가만두고 골탕먹일 수 있을 만한 사람을 찾아간다. 꿈쩍도 안 하는데 놀려 봐야 무슨 재미가 있겠는가?

흔히 여자들의 모임에서 보면 회장을 매장시키기 위한 온갖 비판이 난무하는 일이 흔하다. 그래도 개의치 않고 묵묵히 일하는 사람은 얼마 안 가 배척당하고, 대신 줏대가 없어 회원들이 잘 흔들 수 있는 사람이 회장으로 뽑힌다.

과연 나는 남들이 나를 어떻게 생각하고 있나에 대해 신경 쓰고 있지 않은지 반문해 보자. 크리스천의 목적은 하나님을 기쁘시게 하는 것이므로 사람 사이를 뒤흔들어 놓는 것이 취미인 인간에 대해 염려할 이유가 뭐가 있겠는가?

조이스는 마빈 뮤직을 어떻게 생각하는가?

조이스는 남에게는 엄격하게 율법을 적용하지만 자신에게는 편리한 대로 해석한다. 교회에서 불륜의 연애 사건이 일어나면 어떻게 하겠는가? 이 음란한 사건이 우리 모임에서만은 일어나지 않길 바라지만 실상은 그렇지 않다.

화음에 맞춰 같이 노래를 부르다 보면 이 사람과는 조화롭게 잘 살 수 있을 것 같은 생각이 든다. 항상 뒷북치며 엉뚱한 음정이나 내는 남편이나 아내만 없다면 말이다. 그들은 노래를 사랑한다는 순수한 동기로 출발한다. 처음엔 찬양대 가운만 입기로 했는데 나중엔 엉뚱한 합창단 가운도 걸친다.

한 목사 사모가 내게 와서 소프라노 대원과 자기 남편이 그렇고 그런 사이라고 울면서 호소한 적이 있다. 혼자 성가 연습을 하던 남편이 요즘은 밤늦게까지 이중창을 연습한다는 것이다.

한 전도담당 목사의 사모도 자기 남편이 오르간 반주자에게 빠져 있다고 고백했다. 점심 때, 남편의 뒤에 서 있던 여자가 손짓을 해서 쳐다보니 남편의 팔이 다른 여자를 감싸안고 있지 않은가? 그것도 훤한 대낮에, 교회에서, 더군다나 주일날 정오에!

조이스에게 무슨 일이 생겼나?

우리는 대충 돌아가는 형편으로 보아 찬양대석이 사랑의 유람선의 갑판과 다르지 않다는 것을 눈치챘다. 최근 「달라스 모닝 뉴스」(Dallas Morning News)신문은 한 면을 전부 할애하여 "낭만적인 관계 없이도 이성을 가까운 친구로 가질 수 있다."는 내용의 기사를 실었다. 그것이 가능할지는 몰라도 그리 쉬울 것 같지는 않다.

우리는 어떻게 해야 하는가?

교회는 중립적인 태도나 외면하는 자세를 취하지 말고 성과 결혼에 대한 하나님의 계명을 가르쳐야 한다. 보수적인 복음 교회들은 교회 안에 아무 문제도 없는 것처럼 숨기려고만 든다.

한 목사는 이렇게 말했다.

"어느 누구도 창피주지 않기 위해 모른 척합니다."

최근 캘리포니아주 산호세의 벧엘교회에서 있었던 기독교 지도자 세미나에 참석한 사람들은 그 교회의 주일 저녁 예배에 참석하게 됐다. 그날 담임 목사인 찰스 크랩트리(Charles Crabtree) 목사는 :

성적 지배(Sexual Dominance)
성적 도착(Sexual Deviation)
성적 기피(Sexual Damnation)

이 세 가지 주제를 가지고 직설적이면서도 힘있는 설교를 함으로써 교회 내의 성문제를 과감하게 다루었다.

그리고 그는 목사로서 더 이상 그리스도의 몸된 교회 안에서의 성적 죄악을 간과하지 않겠다고 선포했다. 고린도교회에 보낸 사도 바울의 편지에 초점을 맞춘 그날 저녁 설교에 공감하지 않는 사람은 단 한 사람도 없었다.

교회에 마녀 사냥꾼이 있어서도 안 되겠지만 그렇다고 근친 상간이나 간통을 묵과해서는 더더욱 안 된다. 우리 세미나의 직원인 잔 프랑크(Jan Frank)는 한 기독교 방송 대담 프로에 출연하여 근친 상간에 대해 얘기한 적이 있는데, 그 후 그녀는 일일이 답할 수 없을 정도로 많은 피해자로부터 전화를 받았다.

그들의 한결 같은 이야기는 교계에서 자신들을 변호해 줄 사람이 있을 줄은 몰랐다는 것이다. 주로 담임 목사와 상의를 했는데 해답은 언제나 "피해 망상이다.", "괜히 문제를 일으키지 마라!", "그 일을 빨리 잊고 가해자를 용서하라!", 이 셋 중 하나였다는 것이다.

잔 프랑크는 지역 교회를 돌면서 근친 상간에 대해 소녀들을 상대로 상담하는 사역을 해왔는데 방문하는 교회마다 "우리 교회에는 그런 문제가 없어요!"라는 말을 자주 듣는다고 한다. 그래서 그녀는 피해자들을 돌봐주는 후원자 모임을 만들었으며 최근에는 남편 돈(Don)과 함께 후원하는 가정들을 심방하고 있다.

테드 콜레(Ted Cole) 박사는 최근 자기 교회 청년들을 대상으로 "여자 친구를 침대로 유인할 수 있겠지만 그녀를 주님께로 인도할 수는 있겠는가?"라는 질문과 함께 도전적이고도 명쾌한 설교를 했다.

문제를 일부러 찾아나설 필요는 없지만 도덕적으로 타협해 가면서 자꾸 나쁜 일에 말려드는 사람을 위해 확실한 조치를 취해야 한다. 마태복음 18 : 15-17에서 예수님께서는 범죄한 형제를 정죄하지 않고 용서해 주는 4가지 단계에 대해 말씀하셨다.

첫째, 그와 단독으로 상대하여 권고하라.
둘째, 만일 듣지 않거든 지혜로운 한 두 사람을 대동하여 재차 권고하라.

셋째, 그래도 소용없을 때는 교회에 말하고

(여기서 교회란 당회나 제직회를 의미)

넷째, 이것마저 소용이 없을 때는 교회에서 내보내라.

남을 바로잡기에 앞서 "죄 없는 자가 먼저 돌로 치라"(요 8:7)고 하신 주님의 말씀을 기억해야 할 것이다.

길다 길트에게는 어떻게 해야 하는가?

세상에는 다른 사람을 적당히 갖고 놀면서 그들의 기진 맥진하는 모습을 보고 즐기는 길다 같은 사람들이 얼마든지 있다.

어린아이를 둔 엄마들은 언제나 이런 기질을 가진 사람의 입맛 좋은 사냥감이 된다.

우리 때는 보모를 둔 적이 없어요.

정말 우리는 애들을 잘 돌봤어요.

그런데 조니 엄마는 애한테 자전거만 한 대 사 주고,

그걸로 끝인 양 전혀 돌봐주지 않았다지 뭐예요.

다음날 애가 차에 치여 죽은 것도 다 그 엄마 탓이에요!

또 길다 같은 엄마가 다음과 같은 식으로 이야기하는 것은 예사다.

지긋지긋한 네 아빠와 이혼 안 하고 참고 사는 것도 다 너 때문이야!

너만 대학에 안 보냈어도 지금쯤은 좋은 집에서 살고 있을텐데…

결혼시키는 데 돈이 얼마나 많이 들었는지 알아?

돈이 아까워서라도 그 건달 녀석하고 헤어지지 말았어야지!

소설을 쓰라! 길다 길트 같은 사람이 가까이 있어 자주 부딪칠 수밖에 없다면 그녀가 하는 이야기에 맞장구치면서 그것을 우스꽝스러운 소설로 바꿔 버려라. 그들은 죄악의 보석들이 자신들의 번쩍이는 재능으로 잘 기록, 보존되지 않고 세상에서 그냥 사라지는 것을 수치스럽게 생각한다. 실화 소설로 만들 의도가 없더라도, 그러다 보면 길다에게 흥미로운 소재가 무궁무진하다는 것을 알게 되고 그녀에 대한 인식도 새롭게 바뀔 것이다.

분명히 거절하라! 맞장구치며 소설을 쓰기보다 맞서는 것이 낫다고 생각되면 길다의 말에 말려들지 말고 분명하게 거절하라.

"베이비 샤워[24] 때 받은 아기 옷을 보러올 시간은 있으시죠?"

대답 : "분명히 예쁠 거예요. 하지만 오늘 저녁은 도저히 시간이 없어 갈 수 없군요."

"송년 파티에 당신이 참석할 거라고 사람들에게 다 이야기했는데 어떡하죠?

---

24. 베이비 샤워(Baby Shower) : 출산을 앞둔 산모를 위해 주위 사람들이 파티처럼 모여 장차 태어날 아기의 용품을 선물하는 날

대답 : "전 갈 수가 없군요. 그런 일이라면 결정하기 전에 제게 먼저 얘기를 했어야죠."

"순전히 당신을 위해 큰 칠면조 요리를 준비했단 말이에요!"

대답 : "그렇게까지 생각해 줘서 고맙지만 선약이 있어서 안 되겠네요. 교회에 새로 나온 그 부부를 초대해서 같이 드시는 건 어떠세요?"

정중하면서도 단호한 거절은 길다로 하여금 당신 대신 새로운 먹이감을 찾아나서게 만들 것이다.

그녀가 운전하게 하지 마라! 길다를 막을 수 있는 좋은 방법 중의 하나는 자동차 운전석에 앉히지 않는 것이다. 그녀가 "봄 바겐 세일하는 가게까지 한 시간밖에 안 걸리니 제 차를 타고 가시죠?"라고 제의해 오면 당신은 아마 바쁜 와중에도 그렇게 하기로 할 것이다. 그러나 그녀는 가는 도중에 "잠깐만 세탁소에 들렸다가요!"라며 당신을 차에 두고 내린다. 당신이 기다리는 동안 그녀는 콘베이어 벨트에 걸려 있는 옷들을 마치 기도하듯 하나하나 점검한다. 세탁소 종업원하고는 언제부터 친해 졌는지 수다를 떨며 마냥 웃어대다가 헤어지는 인사를 할 때야 비로소 20분이나 지난 것을 알게 된다.

길다는 찾아온 세탁물을 차 트렁크에 넣으려 하지만 이미 남편의 골프채와 신발들로 가득 차 있다. 그녀는 트렁크를 정리할 동안 잠시 나와서 세탁물을 들어달라고 한다. 주차장 한복판에서 키보다 더 큰 플라스틱 봉지에 싸인 세탁물을 들고 서 있는 한심한 처지라니!

가까스로 가게에 도착해 보니 주차장이 다 차서 길다는 주차할 자리를 찾기 위해 계속 돌고 돈다. 이쯤되면 세일이고 뭐고 다 귀찮아져 포기하고 돌아가자고 말해 보지만, "구경도 못 했는데 돌아가자니요. 그럴 수 없어요!"라고 길다는 숨찬 목소리로 말한다.

어쩔 수 없이 가게에 들어는 가지만 잠옷에 정신이 팔린 길다를 잃어버린다. 집에 돌아가 남편이 초대한 회사 고객들을 위해 저녁 준비를 해야 할 시간은 가까워 오는데 도대체 그녀를 찾을 수 없다. 천신만고 끝에 카드 파는 코너에서 그 해 내내 모든 친척에게 보낼 만큼의 카드를 고르는 그녀를 발견한다.

"이 작은 장미 꽃봉우리가 있는 카드를 아그네스 숙모가 좋아하겠어요?"

"저는 아그네스 숙모가 누군지도 몰라요!"

"혹시 우리 오늘 서로 기분 나쁜 일은 없었지요?"

다음 기회에 카드를 사라고 사정사정해서 데리고 나오면 길다는 "당신이 바쁘지만 않았어도 이 반액 할인 카드로 최소한 10달러는 이득을 봤을 거예요!"라며 투덜거린다.

서로 아무 말도 않고 돌아오는 차에서, 그나마 이제 집으로 가고 있으니 다행이라고 생각했는데 차는 엉뚱한 방향으로 가고 있다.

"왜 장례식장으로 가지요?"

"불쌍한 엘킨스 부인이 돌아가셨잖아요? 당신이 참석해야만 할 것 같은 생각이 들어서요!"

그쯤되면 당신은 길다를 목졸라 죽여 엘킨스 부인의 관 속에 같이 집어 넣고 싶을 것이다.

길다 길트 같은 사람과는 몇 가지 일만 같이 해 보아도 평생 후회할 것이다. 그녀의 차를 얻어 타느니 택시를 타는 것이 훨씬 손해를 덜 보는 일이다.

마르다 마티르

사람들은 비탄과 슬픔과 자기 희생에 가득 찬 마르다 마티르의 이야기에 염증이 나 그녀를 피하려고 한다. 그녀는 세상의 온갖 짐을 혼자 다 지고 금방 쓰러질 것 같으면서도 누가 도와주려 하면 "나 혼자 할 수 있어요!"라며 물리친다.

마르다는 특이한 혼합형 기질이다

우울하고, 비탄에 잠겨 있으며, 악의에 가득 차 있고, 굴종적이고, 비참한 반면 다혈질적인 기질도 있다. 그녀는 자신이 얼마나 고통스러웠는가를 간증할 때는 똑바로 서서 당당한 몸짓으로 이마에 손을 얹기도 한다. 한숨 소리는 다른 방에서도 들릴 정도며 가장 극적인 부분은 사람들이 듣고 싶어 조를 때까지 남겨둔다. 언제나 극적인 말로 간증을 끝맺어 교인들의 동정을 불러일으킨다.

"불쌍한 마르다! 교회 일에 얼마나 열심인지!"

"그럼요. 혼자서 열 사람 몫의 일을 해요!"

"마르다 없이 우리가 무슨 일을 하겠어요?"

마르다의 기분은 항상 비참해 하는 우울질에서 중앙 무대의 각광을 받고 싶어하는 다혈질까지 큰 폭으로 오르내린다. 마르다의 아이들은 "오늘은 엄마 기분이 어떻지?"라고 묻는 것이 일과다.

마르다는 왜 그런 성격을 갖게 되었는가?

한 사람이 우울질과 다혈질 기질을 동시에 갖는 일은 드물기 때문에 그런 사람은 끊임없이 내부적인 갈등에 시달린다. 다혈질인 자기 과시욕과 우울질인 자기 희생으로 나눠지는 성격이다. 자기가 가진 모든 것을 자발적으로 주고 싶어하면서 그것을 남들이 알아주길 바란다. 따라서 "의심하는 자는 마치 바람에 밀려 요동하는 바다 물결 같으니… 두 마음을 품어 모든 일에 정(定)함이 없는 자로다"(약 1 : 6, 8) 매사에 불안정한 이중 성격의 인간이 되어 버린다.

마르다 같은 사람에게는 어떤 현상이 나타나는가?

기독교 지도자 세미나의 상담을 통해 우울·다혈질 혼합형은 원래는 다혈질이었으며 아주 불행한 어린 시절을 겪었다는 사실을 발견했다. 삶에 대한 활력이 넘쳐흐르는 그들의 본성이 불행으로 인해 짓눌렸던 것이다. 인생을 즐겁게 살려고 하면 할수록 비참한 경험을 통해 그것은 부질없는 꿈이란 걸 알게 된다. 영롱한 비눗방울처럼 반짝이던 꿈이 하나 둘씩 터져버리다 보니 어느새 낙천적인 성격은 사라지고 뒤로 물러서게 됐다. 역경이 미처 다 없애지 못한 밝은 빛이 특별한 경우에만 희미하게나마 깜빡거릴 뿐이다.

「하나님은 깨진 자를 사용하신다」의 저자인 팻시 클레몬트(Patsy Clairmont)의 경우는 극단적인 우울·다혈질의 전형이다. 한 부흥회에서 새로 나온 책에 대한 비평 강연을 하기 위해 연단에 앉아 기다리는 그녀의 모습을 처음 보았을 때, 그 가녀린 몸은 뭔가 무거운 것에 짓눌려 있는 것처럼 보였고 근심어린 주름 때문에 훨씬 나이들어 보였다. 그러나 차례가 되자 그녀의 얼굴은 마치 전기 스위치를 켠 것처럼 환하게 밝아졌고, 눈은 빛났으며, 환한 웃음으로 인해 얼굴 주름이 말끔히 없어졌다. 마치 요술쟁이 할머니가 마법의 손으로 어루만진 것처럼. 그녀는 강연을 재미있게 이끌었고 그녀의 유머 감각은 그 부흥회에서 단연 일품이었다.

그러나 무대 뒤의 팻시는 온통 공포와 실패에 둘러싸여 있는 것 같았다. 그녀의 기질 특성 프로필에는 우울질과 다혈질이 같이 나타나는데 그것은 당연한 결과다.

얼마 후, 나는 팻시가 건강이 좋지 않고 비정상적인 식사 습관을 갖고 있음을 알게 됐다. 영양 상담가인 스타르(Starr) 박사에게 데려갔

더니 보통 방법과는 판이하게 다른 극단적인 식사 조절 계획을 해야 한다는 것이었다. 절도 있게 먹고 쉼으로써 팻시의 극단적 성격을 어느 정도 고칠 수 있었으나, 어느 날, 우리 협회의 상담자인 라나 베이트만(Lana Bateman)은 "팻시의 눈에는 여전히 과거에 입은 상처의 흔적이 남아 있어요!"라고 말했다.

팻시는 그녀의 과거를 털어놓음으로써 라나는 거기에 맞는 내적인 치유 방법을 적용할 수 있었고 그녀는 무거운 짐으로부터 벗어나게 되었다. 팻시는 부모와 너무 일찍 생이별했기 때문에 다혈질적인 본성이 짓눌렸고, 간혹 무대에 설 때만 본성이 빛을 발해 자신의 원래 모습을 연출했던 것이다. 기도로 하나님의 치유 능력을 간절하게 구한 결과 팻시의 극단적 성격은 정상으로 되돌아왔고 참모습을 발견하게 되었다.

다혈질적인 매력이 완전하게 되살아났을 뿐만 아니라 우울질적인 절망감도 거의 없어졌고, 또 담즙질적인 강한 리더십도 나타나서 이제 우리는 그녀를 "숨어 있는 리더"라고 부른다.

프랜신 잭슨(Francine Jackson)은 기질 특성 프로필 조사 결과 처음에는 다혈·우울질이었논데, 열심히 기도하면서 주의 깊게 그녀의 내면을 살펴본 결과 안정된 상황에서는 다혈질 기질이, 불안한 상태에서는 우울질 기질이 나타남을 알 수 있었다.

어느 날, 기질 플러스 세미나에서 프랜신에게 기질 분석 결과에 대한 자기의 느낌을 이야기해 달라고 했다. 이야기를 마치고 휴게실로 가는 그녀의 뒤를 과거에 비슷한 인간적인 고뇌를 겪어 이중적 성격을 갖게 된 한 무리의 여자들이 따라가고 있었다.

라나 베이트만과의 상담을 통해 프랜신의 우울질적 불안감은 부모의 이혼으로 인한 감정의 손실과 어린 시절 직접 겪진 않았지만 상상으로 받은 정신적 충격 때문이라는 것을 알게 되었다.

이들은 지난 수년 간 우리가 다루었던 수많은 우울·다혈질 혼합형 중 한두 가지 예에 불과하다.

그렇다면 마르다 마티르가 왜 그렇게 되었는지 알아보자.

그녀도 아마 웃고 싶고 주의를 끌고 싶은 다혈질로 태어났을 것이다. 아버지는 틀림없이 그녀와 가족을 거들떠보지도 않았을 테고, 어머니는 살림을 도맡아 하느라 자질구레한 일에 지나치게 얽매였을 것이다. "인생은 체리로 가득 찬 항아리라는데 나는 이 구덩이에 빠져 지금 뭘 하고 있지?"라고 한 에르마 봄벡(Erma Bombeck)의 말을 마르다 마티르는 충분히 이해할 수 있을 것이다.

어머니를 닮아 교회를 쉴 새 없이 돌보고 청소하기 때문에 교인들은 마르다의 헌신과 자기 희생을 칭찬한다. 어머니의 사는 모습을 닮지 않으려고 하는데 그녀는 비슷한 인생 행로를 걷고 있다. 어렸을 때의 약점들이 자기도 알지 못하는 사이에 커져서 다시 나타나는 것이다.

마르다 마티르는 천국으로 가는 길을 스스로 닦고 있다. 어렸을 때, 한 번도 인정이나 칭찬을 받아본 적이 없기 때문에 이제라도 받아 보려고 필사적으로 노력하는 것이다.

그녀의 어머니는 법칙을 중요시하는 교회로 데려왔기 때문에 그런 환경에 길들여진 마르다 마티르에겐 평범한 옷차림, 화장기 없는 얼굴, 어떤 재미에 대한 절제 등이 영적인 것의 척도로 여겨졌다.

마르다 마티르의 인생에 필요한 것은 무엇인가?

마르다 마티르는 어렸을 때 겪은 경제적, 감정적 상처로 인한 심한 열등감에 사로잡혀 있기 때문에 좋은 집과 사랑스런 아이들이 있음에도 불구하고 여전히 가난하고 거부당하는 기분을 가진다. 겉으로는 희생 봉사에 대한 칭찬을 듣고 싶어하지만, 속으로는 갈급하게 왜 자기가 인정받게 됐는지 남들에게 보여 주고 싶은 것이다.

그녀는 크리스천의 삶이란 궁핍한 것이 아니라 풍성한 것이며, 자기 희생은 자칫 극단으로 흐르기 쉽다는 것을 알아야 한다.

마르다 마티르를 어떻게 해야 하는가?

마르다의 문제는 과거에 기인하는 것이기 때문에 현재 보이는 모습만으로 대한다면 많은 문제가 야기될 것이다. 그렇지만 깊이 관찰할 시간이 없는 사람은 어떻게 하는 것이 좋은가?

칭찬하라! "필요한 것을 찾아서 채워 주라!"는 기본 원칙을 기억하라. 마르다는 열등 의식을 없앨 필요가 있다. 그녀는 선한 일로 열심히 봉사하여 그 열등감을 없애려 한다. 비슷한 처지에 있는 다른 사람들도 건강

증진 운동, 사회적 활동, 종교적 직업, 간증 사역을 통해 해결하려 한다. 그러나 칭찬은 과거의 상처에 일회용 반창고 역할밖에 못한다. 그런 평범한 땜질로 마르다의 모든 부분을 다 싸맬 수는 없는 것이다.

과거를 조사하라! 우리 CLASS협회의 직원인 마릴린 머리(Marilyn Murray)는 강간, 근친 상간 및 정신적 충격을 받은 피해자 중 상당수가 사회 봉사나 기독교 관계 일을 하고 있다는 것을 발견했다. 그런 경험들로 인해 자기 가치를 훼손당한 피해자는 자기 희생의 사역이나 남을 도와주는 직업을 택함으로써 자신의 가치를 회복하고자 하는 것 같다.

대략적인 수치지만 우리 세미나에 참석하는 청중의 1/4 이상이 과거에 현재의 행동과 내적 욕구에 영향을 미치는 심각한 정신적 충격을 받은 적이 있다고 했다.

우리는 아마추어 내적 치유자 수준까지는 안 되지만 과거에 어떤 문제가 있었는가에 대해 지적인 초점을 맞추어 그들의 내면적 갈등에 대해 귀기울여 줄 수는 있다. 참으로 놀랍게도 깊은 상처를 가진 사람들은 자신의 애기를 진지하게 들어주기만 하면 생판 모르는 사람에게라도 그 상처를 털어 놓는다.

마릴린은 다른 사람의 이야기를 너무나 주의 깊게 듣기 때문에 상대의 눈만 봐도 상대가 어렸을 때의 육체적 학대나 성적 희롱으로 고통받고 있는지 아니면 근친 상간의 피해자인지 안다.

누군가가 과거의 상처를 당신에게 솔직하게 털어놓는다면 어떻게 할 것인가?

> **첫째,** 끝까지 얘기하도록 놔 두라. 동정적으로 들어주는 사람은
> 정신과 의사 역할도 할 수 있다.
> **둘째,** 과거 상처를 다루는 신앙 상담자를 소개해 주라.
> 단순하게 잊어버리라고 이야기하지 말라.
> **셋째,** 성경 원리에 입각한 내적 치유 훈련을 받은 사람을 만나보라.
> **넷째,** 극단적인 경우에는 과거 회상 요법을 받도록 정신과 의사를
> 소개해 주라.

때로는 현재와 과거의 연결 고리를 발견하는 것만으로도 치유가 되기도 한다.

외모에 신경 쓰도록 하라! 외모는 피상적이긴 하지만 여성들의 자아 의식에 많은 영향을 끼친다. 헬스클럽, 미용 세미나, 성형 의사, 의상 전문가, 미용실 외에도 외모를 가꾸는 데 도움을 주는 곳은 얼마든지 많다. 하룻밤 사이에 극적으로 변화시키려 하지 말고 서서히 긍정적으로 바뀔 수 있도록 유도하라.

마르다 같은 사람이 색깔이나 의상 전문가에게 조언을 구해 조금씩만 변해도 사람들은 금방 눈치채고 찬사를 보낸다. 때때로 자기가 기대했던 것보다 훨씬 더 예뻐지기도 한다. 외모로 인한 자신감은 인격까지도 얼마든지 바꿔 놓을 수 있다.

조 조크

조 조크는 일보다는 게임을 하며 노는 것을 더 좋아하는 유쾌한 사람이다. 재미만 찾는 덜 성숙된 다혈질이면서도 쉽게 살며, 별반 의욕이 없는 점액질이다. 이 혼합형은 양쪽 기질의 경박한 면만 나타나는데 조 자신이 바로 "재미와 게임" 그 자체다.

피터 팬처럼 조도 평생 자라지 않는다. 그의 아내도 자식들과 함께 남편을 아이 돌보듯 해야 하는데 지쳐서 결국 포기했다. 자기와 같이 노는 사람에게는 영웅이고 옆에서 보는 사람에게는 장사지만, 막상 도움을 청하게 되면 그의 발군의 신체적 기량은 사그러들고 얼굴은 갑자기 믿음직스러워 보이지 않게 된다.

조는 왜 그런 성격을 갖게 됐나?

아마 조의 아버지는 열렬한 스포츠광이어서 그를 어린 시절부터 구기 게임으로 훈련시켰을테고, 자식을 끔찍이 사랑하는 어머니는 조가 요람에서 턱걸이하는 모습을 보고 세상에서 가장 귀엽다고 생각했을 것이다. 운동을 좋아하는 가정에서는 스포츠나 게임 자체가 정서나 감정의 성장보다 더 중요하게 여긴다. 아기가 한 가정의 주인공이 되어버리면 식구 모두가 무의식 중에 그 귀여운 아이가 자라는 것을 바라지 않으므로 정상적인 성장을 못하게 된다. 우등 상장, 상패, 트로피 등이 방을 가득 채우고 손님들은 그 뛰어난 재능에 놀란다. 항상 공상의 세계에 살면서 현실 세계가 밖에 존재한다는 사실을 모른다.

극소수만 직업 선수가 되고 대부분은 조처럼 운동은 좋아하지만 그걸로 먹고 살 정도는 안 된다. 그런데 이 점을 일찍 깨닫고 장래를 대비하는 사람은 적고 나머지는 여전히 운동에 미쳐 있다.

프레드와 나는 갓 결혼했을 때, 조 조크와 같은 아파트에 살았다. 잘생긴 그는 고급 캐딜락을 몰고 다니면서 매일 아침 테니스채나 골프채를 싣고 나간다. 어느 날, 그의 아내가 자기는 돈도 없고 먹을 음식도 없고 오랫동안 새 옷을 사 입어보지 못했으며, 친정 어머니가 그 사실을 알지 못하게 애쓰고 있다고 나에게 하소연했다.

또한 남편이 어떻게 매일같이 그에게 저녁을 사주는 사람들을 알게 됐는지를 설명해 줬다. 남편의 기술을 배우고 싶은 사람들이 사례비를 지불하면 그는 그 돈으로 자기 옷을 사입는 데 써버린다는 것이다. 만사태평인 성격 때문에 차 할부금조차 제때 못갚는 그는 그저 인생의 모든 문제 위에 둥둥 떠다니는 것 같다.

어린 소년이 걸맞지 않게 캐딜락을 몰고 다니는 꼴이다. 가족이 집에서 땅콩이나 까먹고 있을 때, 그는 야구장에서 신나게 놀고 있는 것이다.

어떻게 하면 조 조크와 잘 지낼 수 있는가?

조와 같은 팀에 들어가기만 하면 그와 쉽게 친해 질 수는 있지만 그의 근육말고 다른 것이 자라길 원한다면 상대팀에 속해야 한다. 그와 같이 살거나 가까이서 같이 일을 한다면 성숙하지 못한 그에게 금방 싫증이 날 것이다. 또 그가 그의 어머니, 아버지, 친구들, 팬들과 가족에게 당신이 운동 신경이 둔하고 자기에게 감사할 줄 모른다고 이야기하고 다니는 것을 알면 기절할 것이다. 그의 배우자나 상관이라면 조의 콩줄기를 도끼로 잘라버리려는 거인으로 금방 변하게 될 것이다.

알콜 중독자나 다른 나쁜 습관을 가진 사람들은 주위에서 도와주고 허락하는 한 그 습관을 바꾸려고 하지 않는다. 극도로 나빠져야만 도움을 청한다. 그 습관이 중단되도록 도와주는 사람의 역할에 대해 가장 잘 설명한 책은 앨 아논(Al-Anon)의 소책자 「멈추고 싶지 않은 회전 목마」(The Merry-Go-Round Called Denial)이다.

운동, 도박, 식도락, 음주, 거짓말, 혹은 마약이든 어떤 일에 쉽게 중독되는 사람을 긍정적으로 상대하려면 이 책자를 구해 읽고 앨 아논의 강연회에 참가해서 배우는 것이 좋다.

크리스천이 된 것으로 충분한가?

기도 가운데 예수님을 영접하는 순간 새사람으로 중생하는 경우도 많지만 자기들의 결점을 알고 자기 힘과 인간적으로 고치려고 기도하는 사람들이 훨씬 더 많다. 우리 모두가 순식간에 변화될 수만 있다면 천국은 이 땅에 실현될 수 있을 것이다. 그러나 주위의 교인들이나 심지어 가족만 둘러봐도 같이 지내기조차 싫은 크리스천들을 얼마든지 발견할 수 있다.

바울도 자기의 옛사람과 새사람이 자기 속에서 서로 투쟁하는 것에 대해 "내가 원하는 바 선은 하지 아니하고 도리어 원치 아니하는 바 악은 행하는도다"(롬 7 : 19)라고 말하지 않는가.

또 "… 하나님으로서는 다 할 수 있느니라"(마 19 : 26)고도 했다. 보증한다든지 가능할 것이라든지라고 한 것이 아니라 할 수 있다고 했다.

내가 상담한 많은 여성들이 결혼한 이래로 남편이 주님을 영접하는 날 비로소 천국으로 옮겨지길 바라며 지금은 일시적인 고난을 받고 있다고 호소해 왔다. 우리는 주님께서 그 까다로운 사람들에게 직접 다가가 변화시켜 주시길 기다리면서 귀중한 시간을 얼마나 많이 낭비하고 있는가?

우리는 조 조크가 인생의 전환점에 서길 바란다. 그의 아내는 남편이 현실적으로 자신을 바라보도록 무진 애를 써왔다. 그가 자기 가정을 잘 꾸려가길 원한다면 책임질 줄 알고 성숙해 져야 한다. 자기 식의 생활 방식이 잘못됐음을 깨닫고 기꺼이 돌아서서 용서를 구해야 한다. 더 이상 자기의 생활 태도에 매력을 못 느끼는 상황에 처해야만 하나님께서 자신의 인생에 예비해 놓으신 구원 계획을 귀담아들을 수 있는 것이다. 그가 진정으로 주님께서 자신의 내면 세계 깊숙이 간섭해 주길 바라고 또 변화되길 원해야만 삶을 변화시키는 하나님의 능력에 대한 살아 있는 증인이 될 수 있을 것이다.

위니 위트니스

위니 위트니스는 장점이 지나쳐 단점이 돼버린 예다. 위니는 외향적이고, 참견하길 좋아하며, 말을 잘하는 다혈질이면서도 자기 주장이 강하고, 지칠 줄 모르며, 열성적인 담즙질의 좋은 점들이 혼합되어 강력한 지도자가 될 수 있는 가장 적합한 기질을 갖고 있다. 이러한 성격은 바람직한 기독교 지도자가 될 수 있는데도 다른 성격의 경우에도 마찬가지겠지만 극단으로 치달아 습관적이고 극성맞은 수다쟁이가 돼버렸다.

위니는 왜 그런 성격을 갖게 됐는가?

장점이 남을 심판하는 한쪽 방향으로만 지나치게 집중되어버린 위니 같은 사람은 주위에 많다. 이런 사람은 원인에는 빗장을 걸어 잠근 채 결과에만 집착한다.

그들이 뜻하는 바는 대체로 긍정적이고 이타적이기도 하지만 끊임없이 한 가지 목표만 추구하는 극성으로 상대방이 상처받을 수도 있다는 것은 꿈에도 생각하지 못한다. 또 자신의 목표는 하나님의 뜻이거나 직접 계시를 통한 하나님의 명령이라고 믿기 때문에 상대방을 더 몰아 붙인다. 결과는 수단을 정당화시킨다는 말을 실천이라도 할 것처럼 행동한다.

선한 동기가 어떻게 극단적으로 흐를 수 있는가?

남편 프레드와 나는 어느 날, 위니의 집에서 열린 파티에 참석했다. 위니의 남편은 아내가 취할지도 모르는 모든 태도와 상황에 대해 기도하는 심정으로 그녀에게 주의를 준 것 같았다. 위니가 사람들에게 부담을 줄 때마다 그는 달려가 눈치를 주곤 했다. 남편은 위니가 "기도나 설교"를 하지 않겠다고 약속했기 때문에 그녀의 "신앙적인 친구들"을 초대해도 좋다고 허락했다. 그러나 그녀는 우리가 들어서자마자 그 일을 속삭여 알려 주면서 자기 남편이 얼마나 신실하지 못한지 비난했다.

남편의 손님들은 모두 정중하고 친절했다. 그런데 갑자기 불이 꺼지고 벽에 굶어 죽어가는 아프리카 아이들의 슬라이드가 비춰지자 우리 못잖게 그도 깜짝 놀랐다. 어디선가 한 젊은이가 걸어나와 크리스천의 헌신에 대해 감동적인 설교를 하면서 그 아이들을 위한 헌금을 호소했다. 손님들이 어쩔 수 없이 지갑을 꺼내자 위니의 남편은 화가 나서 휑하니 나가버렸다.

위니는 자기가 너무 신앙적이었다는 것을 깨닫고 "낡은 변두리 판자촌에 한 오두막 집이 있었는데…"라고 더듬거리면서 화제를 다른 데로 돌리려고 애썼다.

다른 때도 위니는 나를 저녁 파티에 초대해 놓고서는 남편을 전도하기 위한 간증을 갑자기 해달라고 부탁했던 적이 많았고, 노골적으로 나이 많은 무신론자 남편을 전도하기 위한 파티에 불려간 적은 그보다 더 많았다. 열성적인 위니는 나에게 임무를 부여하고는 남편 아더 (Arthur)에게 끌고가 내가 마치 천사장이나 되는 것처럼 소개한 뒤 나를 그의 옆자리에 눌러 앉혀 버렸다. 아더의 말투로 미뤄보아 나를 자기 머리 위에 있는 새끼 천사들의 꽁무니에 또 하나가 줄을 섰군 하는 정도로밖에 인정하지 않고 있다는 것을 느꼈다. 한편으로는 그를 전도시키지 못하면 위니에게서 저녁도 못 얻어 먹을지도 모른다는 생각이 들었다.

한번은 군목으로 있는 남동생을 위해 공군 기지에서 연설을 했다. 어떤 장교가 나를 점심 식사에 초대하더니 도덕성이 의심스런 한 절망에 빠진 소녀를 데리고 와선 계속해서 그 소녀와 상담해 주길 요구하는 바람에 식사에는 손도 못댔다. 동생이 예의에 어긋나지 않냐고 말하자 그 장교는 이렇게 말했다고 한다.

"당신 누이는 이런 일에 꽤 오랫동안 종사해 왔기 때문에 세상에 공짜 점심이 없다는 것을 잘 알거야!"

위니와 무엇을 할 수 있는가?

다른 까다로운 사람들의 경우와 마찬가지로 상대를 미리 아는 것이 상대를 이기고 들어가는 방법이다. 특별한 습관이 있는 줄 알면 다음에는 어떻게 그 습관에 대처할까를 미리 대비하면 된다.

밥 보시가 우리를 독촉하게 해선 안 된다.

데비 디프레스드가 우리를 깔아뭉개도록 해서도 안 된다.

마찬가지로 위니 같은 극성파들이 무조건 밀어붙여 우리를 곤란한 처지에 빠뜨리게 해서도 안 된다.

나라면 먼저 아주 구체적으로 물어 보겠다.

"오늘 저녁 제게 무얼 원하십니까?"

어떻게 대답할 줄 몰라 우물쭈물하면 재차 묻는다.

"간증을 서로 나누길 원하십니까? 아니면 당신 남편을 주님께 인도하길 원하십니까?"

무엇이든지 의심나는 대로 그 사람이 원하는 것을 물어 보면 된다. 나이 많은 숙모를 즐겁게 하길 원하는지, 설거지를 도와달라는 건지, 아이들을 돌봐달라는 건지 세밀하게 확인해야 한다.

그런 일들을 원하는 것이 아니라고 일단 그 사람이 시인하게 되면 그리 쉽게 요구하지 못하게 된다. 비록 나중에 다른 계교를 써서 부탁하려들지 모르지만 그만큼 그 사람은 신중하게 될 것이다.

긍정적 사고를 너무 긍정적으로만 몰고가는 사람과 잘 지내려면 외골수로 목표 지향적인 점이 오히려 그들을 성공으로 이끄는 장점이 된다는 것을 인정해야 한다. 역사상 위대한 인물들은 대개 동시대의 사람들로부터 광적인 사람으로 간주됐다. 특정 목표를 달성하고자 하는 욕구에 완전히 사로잡혀야만 평균 이상으로 앞설 수 있다. 이 점을 인정하면 보통 이상으로 극성인 사람을 이해하는 데 도움이 될 것이다.

따라서 위니 같은 사람과 상대해야 할 입장에 서면 그들이 추구하는 목표를 칭찬해 주되, 남들을 자기의 북소리에 발맞추라고 강요하지는 말라고 경고해야 한다.

세상 사람, 교회 성도, 직장 동료, 심지어 가족 가운데도 우리를 시험에 들게 하는 사람은 있기 마련이다.

당신은 그들과 잘 지내 보려고 충분한 노력을 기울이고 있는가?

당신은 그들이 무얼 원하는지 알아서 기꺼이 채워줄 수 있는가?

당신은 그들이 적절한 때 반응하지 않고 상대해 주지 않아도 관계를 계속 유지할 수 있는가?

당신의 자아 의식은 남들이 당신을 어떻게 생각하든 상관하지 않을 정도로 건강한가?

「내 탓이오」(This Is From Me)라는 소책자에서 인용한 다음 글이 이 질문들을 새롭게 조명해 줄 것이다.

당신을 이해하지 못하고, 당신의 취향을 물어 보지도 않고, 당신을 뒷전으로 내몰아 버리는 사람들로 둘러싸여 곤란한 처지에 빠져 있습니까? "그것은 내 탓이다. 나는 모든 처지의 하나님이다. 우연으로 되는 것은 없다. 그것은 바로 너를 위해 내가 마련해 놓은 것이다. 너는 겸손해지게 해 달라고 요청하지 않았는가? 자, 보라! 겸손해 지는 법을 가르치는 학교에 너를 데려다 놓았다. 네 주위 사람들과 동료들은 단지 내 뜻을 이루기 위해 쓰임받고 있을 뿐이다."

시험 들게 하는 사람들은 우리를 어떻게 보는가?

4

시험들게 하는 사람들은
우리를 어떻게 보는가?

나는 30년 전, 코네티컷주 뉴헤븐의 성인 교육청에서 주관하는 기초심리학 교수로 근무한 적이 있다. 교재를 부탁하자 교육감은 전임 교수가 수년 간 강의안을 마련했는데 사직하면서 몽땅 갖고 가버려서 없다고 했다. 결국 나는 필요한 교재를 스스로 만들어야 했다.

수업이 시작되기 2주 전이라 유명 학자들의 책을 깊이 연구할 시간이 없었다. 그래서 관심 있을 만한 주제 30가지를 골라 일람표를 만들어 그것을 첫날 저녁 학생들에게 나눠 주었다. 관심 있는 순서대로 표시를 하도록 해서 교과 내용을 그들 요구에 맞게 만들 작정이었다. 그들이 택한 내용으로 강의안을 세심하게 고안한다고 하니 학생들은 신이 나서 일람표에 빠짐없이 기재했다.

부끄럼증을 극복하는 법부터 꿈을 해석하는 프로이드 이론까지 광범위하게 주제를 제시했다. 솔직히 프로이드 이론에는 문외한이었는데 그 주제가 정신분열증 다음으로 인기가 없어서 천만 다행이었다.

가장 인기 있는 주제는 다른 사람과 사이좋게 지내는 법이었다.

그 다음 주에는 학생들에게 싫은 사람들을 모두 적어보라고 한 뒤
결과를 표로 만들었다.

불평꾼들

교만한 사람들

허풍쟁이들

위선자들

큰소리쳐서 주의만 끌려는 사람들

헛소문을 퍼뜨리는 사람들

내가 말한 것을 좋아하지 않는 사람들

비평만 하고 책임질 줄 모르는 사람들

거짓말쟁이들

훔치고 속이는 사람들

약한 자를 못살게 구는 포악한 사람들

밀고자들

속이 좁고 완고한 사람들 등의 순이었고,

맨 마지막은 꿈 속에서 사는 여자들 이였다.

이 얼마나 가치있는 자료인가! 하루 저녁 한 사람씩만 다뤄도 전 교
과 과정을 훌륭하게 마칠 수 있을 것이다.

나는 '뉴헤븐에 이렇게 싫은 사람들이 많다면 이 교실에도 그 중 몇
이 있지 않을까?' 하는 생각이 들어, 그 다음 주에는 학생들에게 자신
들의 단점을 적어 보라고 했다. 그랬더니 그 강의실에는 모두가 싫어
할 만한 나쁜 사람은 없다는 결과가 나왔다. 지난 주와는 달리 :

열등 의식

과식

소극적인 면

음치

자연스럽지 못함

의지가 약함

우유부단

게으름

한 가지 일에 탐닉

공상가

어떤 사람이 극도로 싫지만 그 사람이 알까 봐 숨김 등등

그다지 심각하지 않은 약점들만 열거됐던 것이다.

우리 자신은 낄낄거리거나 공상하는 정도의 약점밖에 없는데 남들
은 허풍쟁이나 불평꾼 같은 심각한 단점을 갖고 있다는 것이 재미있지
않은가? 이후 학급이 바뀔 때마다 같은 조사를 반복했는데 매번 비슷

한 결과가 나왔다. 싫은 사람들의 단점은 정말 치명적이지만 자기 자
신은 그리 나쁘다고 생각하지 않는 것이다.

30년이 지나도 별로 달라진 것은 없다. 오히려 점점 더 자신의 울타
리 속으로 갇혀가는 추세다. 소위 **자기 중심 세대**(Me Generation)라
는 70년대를 지나면서 자신만을 생각하고, 자신의 영혼을 연구하며,
자기만의 일을 해야 될 때라고들 한다. 오랜 전통의 도덕과 원칙들은
우리를 억제하기만 했다는 이유로 벗어 던져졌고 대신 우리들 스스로
의 능력을 개발했다.

뿐만 아니라 세상적인 성공으로 이끄는 세미나에 참석해서는 출세
에 방해가 되는 윤리와 도덕을 버리라고 말하는 사람들의 말을 돈까지
지불해 가며 듣는다. 세상 사람들은 이기적인 활동에만 급속도로 빠져
들고 있으며, 이 새로운 자유가 모두에게 행복을 가져다 줄 것이라고
이야기한다. 그러나 과연 그러한가? 「타임」(TIME)지에 "전통적 가치
관에서 탈피했던 여성들이 발견한 것은 그것이 좋지 않다는 것이다"[25]
라는 기사가 실린 적이 있다.

자신만 위하는 법을 배우는 데 지난 10년 간을 소비하여 겨우 얻은
것은 더 이상 남들과 사이좋게 지내려고 노력하지 않는다는 것이다.
매사가 남의 탓이며, 자기가 원하는 방식이 아니면 과감히 버리고 떠
난다. 가족도 더 이상 결합과 조화를 이루려고 노력하는 집단이 아니

---

25. TIME지 1984년 4월 9일자 78p에서 발췌.

다. 잠시 동안만 동거하는, 서로 분리된 개체들의 모임일 뿐이다.

바로 얼마 전까지 최고급 사치품이었던 물건들을 지금은 필수품이라고 주장하면서 그 물건들을 사려고 온 집안 식구가 일하느라 바쁘기 때문에 아이들은 탁아소에서 양육되고 있다. 그래서 "열쇠 아동"(텅빈 집에 돌아와서 저녁 식사 때까지 "자기 하고 싶은 대로 하는" 아이들 – 역자)이란 신조어가 생겨났다.

크리스천인 우리들은 세상에 속하지 않았다고 자위하지만 세상은 우리가 무엇을 하고 있는지조차 모를 정도다. 크리스천들은 이런 문제들과는 상관없는 것 같지만 사실은 그렇지 않다.

최근 L. A.에서 열린 기독교 지도자 세미나에 아주 저명한 기독교 지도자들이 100여 명이나 참석했다. 그들의 요청으로 달라스에 가 있던 우리 세미나 팀의 내적 치유 전문가인 라나 베이트만도 왔다. 그 세미나의 목적은 지도자를 훈련시키는 것이지 정서적인 문제를 해결해 주는 것은 아니었지만, 그들은 자신이 어떤 사람인지, 또 자신의 인생 고비를 어떻게 넘겨야 할지 모르고는 훌륭한 기독교 지도자가 되기 힘들다는 것을 공감했기 때문이다.

세미나 첫날 아침, 라나는 아주 겸손하게 정신 건강에 대한 상담을 원하는 사람은 책상 위에 놔둔 종이에 이름을 적어내라고 했다. 첫 휴식 시간에 사람들은 그 책상으로 몰려 갔고 오전 내내 30분마다 한 사람씩 상담을 했다.

사실 30분만에 무얼 할 수 있겠는가? 최소한 30년 이상 걸려 형성된 습관이 30분 만에 고쳐질 리 없지만, 라나는 뛰어난 판단력과 풍부한 성경적 지식으로 다음 두 가지 사항을 확인했다. 정말 진지하게 도움을 원하는가? 그리고 어떤 도움을 원하는가?

많은 지도자들이 과거의 고통 때문에 현재까지도 자기 사역을 잘 감당하지 못하고 있었다. 한 여성 지도자는 나에게 이런 고백의 편지를 보내왔다.

"라나와 단 30분 상담한 것으로도, 남편이 제 문제의 원인이 아니란 걸 알았습니다. 나는 모든 일을 남편 탓으로만 돌렸고 그래서 결혼 생활을 망쳤습니다. 나는 아버지에게 느꼈던 적대감을 그에게 전가시키고 있다는 것을 알았습니다. 남편에게 했던 저의 행동을 정확히 이해하는 것만으로도 엄청난 변화를 가져왔습니다. 우리 부부는 둘 다 마치 큰 짐을 벗어버린 것 같았고, 남편을 구제 불능인 사람으로 몰아붙이는 대신 문제 그 자체를 정확하게 바라보기 시작했습니다."

크리스천인 우리에게도 문제가 있기는 마찬가지다. 우리 주위에도 상대하기 까다로운 사람이 있으며, 바로 우리 자신이 그 까다로운 사람이기도 하다.

지난 몇 년동안에 샐리 스피리츄얼, 마르다 마티르와 그들의 친구들을 풍자하는 촌극을 여러 번 한 적이 있다. 극이 끝난 후, 언제나 관객들에게 극중 인물 중 자신과 조금이나마 닮은 인물이 있느냐고 물어보면 전부 손을 든다.

우리 모두 고쳐야 할 약간의 결함들을 가지고 있다.

스코틀랜드 시인 로버트 번스(Robert Burns)는 "남이 우리를 보듯 우리 자신을 볼 줄 아는 것, 그것은 창조주가 주신 위대한 능력!"[26]이라고 읊었다.

다른 사람들이 당신을 어떻게 보는가? 당신은 외면하는 세상이라는 가상 프로그램에 출연한 사람들과 같은 성격을 조금이라도 갖고 있지 않은가? 때때로 조이스 저징처럼 남을 비판하지는 않는가? 샐리 스피리츄얼처럼 성경 지식을 뽐내지는 않는가? 위니 위트니스처럼 아무에게나 갑작스런 헌신을 강요하지 않는가? 해리엇 허리처럼 좋은 일을 하면서도 주위에 갈등의 씨앗을 뿌리고 있지는 않은가? 마르다 마티르처럼 많은 봉사를 하고도 아무도 알아주지 않는다고 불평하지는 않은가? 겔트루드 그루지처럼 자신에게 상처를 줬거나 용서하지 못할 사람들을 빠짐없이 기억하고 있지는 않은가? 데비 디프레스드처럼 의기소침하여 남들이 당신의 자아를 끌어올려 주기만을 기대하며 자신을 학대하고 있지는 않은가?

성경은 골로새서 3장에서는 낡은 것은 벗어버리고 새 옷을 입기 위해 우리의 옛 모습을 죽이라고 말하고 있다. 새 옷을 헌 옷 위에 덧입는 사람은 아무도 없다. 얇은 솜털의 파티 드레스를 긴팔 양모 스웨터 위에 입지는 않는다. 낡은 옷을 벗고 나서 새 옷을 입는다.

크리스천 중에는 이 원리를 무시하고 옛 습관 위에 새 생활을 걸치

---

26. 로버트 번스, "비열한 자에게", Stanza 8번째 연 중에서

려는 사람이 더러 있다. 바울은 골로새서에서 우리 모두를 하나님께서 택하신 거룩하고 사랑하는 하나님의 백성이라고 말하고 있다. 우리는 하나님의 택하신 백성이기 때문에 헌 옷은 벗고 긍휼과 자비와 겸손과 온유와 오래 참음과 용서와 사랑과 평강의 새 옷을 입어야 한다.

새 옷이 필요한가? 긍휼과 겸손과 온유와 오래 참음이라는 옷감으로 만들어 보면 어떨까? 가장자리에 다른 장식 대신 명예스럽게 성령으로 둘러싸는 것은 어떤가? 완전한 결합으로 묶어줄 수 있는 넓은 사랑의 벨트는? 또 가슴에 평강의 포켓을 단다면?

지금 당신 옷에 필요한 것은 무엇인가? 긍휼과 오래 참음의 스커트, 성령의 장식, 사랑의 벨트, 평강의 포켓? 아니면 완전한 새 옷 한 벌?

외면하는 세상 방영 예정분을 연습하는 곳에 미리 가서 감독이 출연진에게 어떤 지시를 하는지 들어보자. 데비 디프레스드나 밥 보시에게서 당신의 한 모습을 발견했다면, 감독이 그들에게 한 지시 사항을 당신 자신에게도 똑같이 적용할 수 있을 것이다.

이런 말을 해 주고 싶습니다!

샐리 스피리츄얼 : 당신은 항상 앞장서려 하는군요. 하나님께서는 영의 양식에 갈급한 당신을 아주 기뻐하시며 기독교 서점은 당신을 가장 중요한 고객으로 생각합니다. 교회는 시도 때도 없는 당신의 봉사에 감사하며 지역 사회는 고결한 도덕성에 찬사를 보냅니다. 그러나 어느

누구도 당신과 같이 있고 싶어하지는 않는군요. 친구들은 당신 설교에 지쳐 있고 가족은 당신의 성경 말씀 인용에 진저리를 치고 있습니다. 당신과 함께 사는 것은 졸업할 가망 없이 평생 동안 강의를 듣는 것과 같습니다.

샐리, 당신은 아무도 관심을 갖지 않는 문제에 혼자 매달려 있습니다. 아이들은 당신의 극성 때문에 억지로 하나님과 만나고 있는 듯하군요. 그들에게 교회는 많이 보여줬지만 그리스도는 보여 주지 못한 것 같습니다. 샐리, 영적인 첨탑 위에 매달려 있지 말고 다른 사람과 함께 사이좋게 지낼 생각은 없습니까? 잠언 16 : 18에서 교만은 높아지는 것이 아니라 오히려 넘어진다고 했습니다. 바울은 "그런즉 선 줄로 생각하는 자는 넘어질까 조심하라"(고전 10 : 12)고 했습니다. 가족이 당신을 떠나가기 전에 지금부터라도 사랑으로 보살펴 주세요. 샐리, 넘어지지 않게 정신 차리십시오.

마태복음 5 : 16에 예수님께서 크리스천의 태도는 "너희 빛을 사람 앞에 비취게 하여 저희로 너희 착한 행실을 보고 하늘에 계신 너희 아버지께 영광을 돌리게" 해야 된다고 하셨습니다. 크리스천은 봉사로 하나님께 영광을 돌려야지 자신의 명예를 높여서는 안 됩니다.

교만으로 주름잡은 헌 옷을 벗어버리고 겸손의 새 앞치마를 두를 준비가 되어 있습니까?

마빈 뮤직 지휘자 : 당신의 근심을 찬양대석에 버려두고 앞으로 나오

십시오. 하나님께서는 당신이 걱정하기보다 찬양으로 하나님 앞에 나아오길 바라십니다. 악보 음표 하나하나에 신경 쓰고 끝도 없이 연습하다가 지쳐버리는 것을 바라지 않습니다. 완벽한 화음보다는 신실한 태도를 하나님께서는 더 기뻐하십니다.

"온 땅이여 하나님께 즐거운 소리를 발할지어다 그 이름의 영광을 찬양하고 영화롭게 찬송할지어다 … 온 땅이 주께 경배하고 주를 찬양하며 주의 이름을 찬양하리이다 할지어다"(시 66 : 1-2, 4).

그렇습니다. 마빈! 당신은 즐거운 소리를 내야 하고, 찬양대가 주님을 찬양하게 해야 하고, 그분 이름의 영광을 찬양해야 합니다.

완전을 추구하다가 진정한 목표는 얼마나 쉽게 잊어버리는지요! 하나님께서는 천사들의 찬양대처럼 완벽한 찬양대를 만들라고 당신을 부르신 것이 아니라 찬양대원들이 주님을 진정으로 찬양하도록 영적으로 이끌라고 부르신 것입니다.

마빈, 완벽의 찬양대라는 헌 가운을 벗어 버리고 기쁨의 새 가운을 입으십시오.

샘 설몬 목사 : "만유의 주 되신 예수 그리스도로 말미암아 화평의 복음을 전하사…"(행 10 : 36) "내가 너를 택하여 세웠나니 이는 너희로 과실을 맺게 하고…"(요 15 : 16) "내 마음에 합하는 목자를 너희에게 주리니 그들이 지식과 명철로 너희를 양육하리라"(렘 3 : 15)고 하나님께서는 그분의 백성에게 약속하셨습니다.

샘 목사님, 당신은 훌륭한 설교 자질과 유머 감각을 은사로 받았습니다. 그러나 양떼를 양육하는 것보다 재미있게 지내는 데 더 큰 관심이 있는 것 같군요. "의인의 혀는 천 은과 같거니와 악인의 마음은 가치가 적으니라"(잠 10 : 20)고 한 솔로몬의 지혜의 말씀을 기억하십시오. 당신은 말씀 연구를 등한히 하고, 설교는 깊이와 알맹이가 없는 것 같군요. 당신은 목자이고 하나님의 양떼를 양육해야 합니다. "…자기만 먹이는 이스라엘 목자들은 화 있을진저 목자들이 양의 무리를 먹이는 것이 마땅치 아니하냐"(겔 34 : 2).

목사님은 그럴 만한 충분한 능력이 있으면서도 절제 있는 삶을 살지 않는군요. 확실한 목표를 세우지도 않고 결승점에서 비틀거리며 넘어지려 하는군요. 바울은 "모든 것을 적당하게 하고 질서대로 하라"(고전 14 : 40)고 했는데 이것이 목사님 삶의 새로운 목표가 돼야 하겠습니다. 하나님께서 기뻐하시는 것이 무엇인지 연구하고, 힘들지만 시간을 지키고, 성숙하기 위해 모든 힘을 다하십시오. 교회의 중심이 되려 하지 말고 대신 우리 주 예수의 영광만을 선포하십시오.

샘 목사님, 권위의 평상복을 벗어버리고 질서의 정장으로 갈아 입을 용의는 없으신가요?

조이스 저징 반주자 : 앞으로 나오십시오! 하나님께서는 당신이 성경을 공부하고 성도의 삶에 대한 계명을 외우는 것을 좋아하십니다. 그러나 당신의 심판하려는 태도는 좋아하시지 않습니다. 하나님의 이름으로 남을 비판할 때, 주님은 애통해 하십니다. 하나님께서는 자비의 하나님이시며, 그분은 남의 잘못을 당신 자신의 커다란 잣대로 재는 것을 원하지 않습니다. 아이들에게 설교를 그만하고, 친구들을 고치려 들지 말고, 교역자들의 실수를 비난하지 말며, 남편의 죄를 들추어내 지 마십시오. 흠이 있는 사람을 있는 그대로 받아들이는 것을 배우십 시오. 주님께서 당신 모습 그대로 받으셨듯이 말입니다.

마태복음 7 : 1은 "비판을 받지 아니하려거든 비판하지 말라"고 합 니다. 이것은 주님께서 조이스 당신에게 직접 하시는 권면입니다.

"비판을 받지 아니하려거든 비판하지 말라 너희의 비판하는 그 비판 으로 너희가 비판을 받을 것이요 너희의 헤아리는 그 헤아림으로 너희 가 헤아림을 받을 것이니라"(마 7 : 1-2).

또 에베소서 4 : 29에는 "무릇 더러운 말은 너희 입 밖에도 내지 말 고 오직 덕을 세우는 데 소용되는 대로 선한 말을 하여 듣는 자들에게 은혜를 끼치게 하라"고 합니다.

조이스, 더러운 말은 다른 사람에게 상처를 입히고 성장에 장애가 됩니다. 무릇 더러운 말은 입 밖에 내지도 마십시오. 대신 덕을 세우 는 말, 자녀들에게 용기를 주고 남편에게는 힘을 주는 그런 선한 말을 하십시오.

조이스, 주님께서는 "여자를 보고 음욕을 품는 자마다 마음에 이미 간음하였느니라"(마 5 : 28)고 말씀하셨습니다. 마빈 뮤직을 은근한 눈 으로 보지 마십시오. "눈짓하는 자는 근심을 끼치고 입이 미련한 자는 패망하느니라"(잠 10 : 10)는 말씀을 기억하십시오.

조이스, 판단으로 짜집기한 누더기 겉옷을 벗고 은밀한 유혹의 장난을 멈출 수 있겠습니까? 비판 대신 긍휼로 가득 찬 말을 하겠습니까? 은혜를 끼친답시고 하는 충고를 그만둘 수 있겠습니까?

조이스, 당신의 단벌 옷 "하지 말지니라"는 이제 그만 벗어버리고 긍휼의 새 옷을 입으십시오.

밥 보시 박사 : 교회는 당신의 인도와 지혜를 꼭 필요로 합니다. 당신은 뛰어난 관리 능력을 가졌고 교인들도 당신을 존경합니다. 그러나 많은 사람이 당신의 거만한 태도에 거부감을 느끼며, 왜 주차 금지 구역에 주차하는지 의아해 하며, 예배 시간에 울리는 핸드폰 소리에 고함을 지르고 싶은 지경이랍니다.

정말 당신은 자신의 규칙을 다른 사람에게 강요할 수 있을 만큼 남들보다 우월하다고 생각하십니까? "스스로 지혜롭다 하며 스스로 명철하다 하는 그들은 화 있을진저"(사 5 : 21).

율법을 양손에 들고 남들 위에 군림하려는 바리새인같이 대장만 하려는 사람은 아무도 좋아하지 않습니다. 바울은 우리 모두가 같은 마음이 돼야 한다고 가르칩니다.

"형제를 사랑하여 서로 우애하고 존경하기를 서로 먼저 하며… 성도들의 쓸 것을 공급하며 손 대접하기를 힘쓰라… 서로 마음을 같이하며 높은 데 마음을 두지 말고 도리어 낮은 데 처하며 스스로 지혜 있는 체

말라… 그러므로 굴복하지 아니할 수 없으니 노를 인하여만 할 것이 아니요 또한 양심을 인하여 할 것이라"(롬 12 : 10, 13, 16, 13 : 5).

교회는 당신의 능력을 높이 사며 담임 목사는 흑자 예산이 필요하겠지만 성경은 사람들이 "자기의 재물을 의지하고 풍부함으로 자긍하는 자"(시 49 : 6)를 싫어한다고 가르치고 있습니다.

밥 박사님, 교만과 자긍과 군림의 단추를 떼어내고, 대신 사랑의 벨트를 매실 생각은 없으신지요?

데비 디프레스드 : 하나님께서는 당신의 매우 섬세한 성격을 기뻐하십니다. 문제를 알아내고 해결할 수 있다는 것은 좋은 일입니다. 그런데도 당신의 인생은 낙담과 실망으로만 가득 차 있는 것 같군요. 항상 따라다니는 검은 구름이 은색 구름으로 변할 날이 오지 않을 것 같습니다. 절망을 마치 낡은 목욕 가운처럼 맨몸에 걸치고 다니면서 옷 입을 생각은 하지 않는군요. 자기 자신과 개인적인 문제에만 꽁꽁 둘러싸여 있기 때문에 출구를 보지 못하는 것입니다.

누구에게나 도움을 구하지만 그들의 충고를 행동으로 옮기려 들지 않고, 힘을 내기 위해 약을 먹고, 또 흥분을 가라앉히기 위해 약을 먹으며, 때때로 어느 약을 먹을지 헷갈리기도 합니다.

데비, 정말 나아지길 바라십니까? 얼굴을 찡그리지 않고 진정한 미소를 짓고 싶습니까? 인생을 주관하시는 하나님을 의지하며 그분이 당신에게 역사하신다는 것을 정말 믿고 싶습니까? 성경이 약속하기를

"… 오직 모든 일에 기도와 간구로 너희 구할 것을 감사함으로 하나님 께 아뢰라 그리하면 모든 지각에 뛰어난 하나님의 평강이 그리스도 예 수 안에서 너희 마음과 생각을 지키시리라"(빌 4 : 6-7)고 했습니다.

데비, 당신 마음속에는 그리스도 예수께서 계시고, 그분이 당신의 짐을 덜어주시기를 원하십니다. 환경은 변하지 않는다 해도 그리스도 는 우리 인간의 이해를 초월하는 평강을 당신에게 주실 수 있습니다.

데비, 약병을 버리고 강아지하고만 놀지 마십시오. 절망의 낡아빠진 장식품을 떼어내고 평강의 새 호주머니를 다십시오. "주께서 심지가 견고한 자를 평강에 평강으로 지키시리니 이는 그가 주를 의뢰함이니 다"(사 26 : 3)라는 말씀을 기억하십시오.

해리엇 허리 : 이리 나와보십시오. 해리엇, 하나님께서는 당신이 매 일 많은 것들을 성취하고 또 그렇게 많은 조직에 관여할 수 있다는 데 감명 깊어 하십니다. 당신은 시계를 정확히 맞추고 일정을 어김없이 조정하지만 가족과 친구들을 돌볼 짬은 없는 것 같군요. 당신에겐 사 람보다 일이 우선입니다.

가만히 앉아서 자신의 모습을 보기가 두렵습니까? 열정은 불안정을 숨기는 수단인가요? 내면적으로는 비참하다는 것을 생각하기 싫어 그 렇게 계속 바쁘게 다니십니까? 당신의 아이들은 당신의 뒤통수밖에 볼 수 없습니다.

해리엇, 이제 속도를 줄이고 인생에서 정말 중요한 것이 무엇인지 되돌아볼 때입니다. 시편 46 : 10은 "너희는 가만히 있어 내가 하나님 됨을 알지어다…"라고 합니다. 손과 발과 입술이 쉴 새 없이 움직이니 어떻게 하나님께서 당신에게 얘기할 수 있겠습니까?

해리엇, 차분히 앉아 당신 인생에 대한 하나님의 계획을 조용히 들어보십시오. "너희에게 인내가 필요함은 너희가 하나님의 뜻을 행한 후에 약속을 받기 위함이라"(히 10 : 36).

당신을 향한 하나님의 뜻은 무엇입니까? 당신의 열정을 포기하고 한 시즌 정도 후보 선수석에 앉을 수 있겠습니까?

해리엇, 운동화를 벗고 운동복에 인내의 마크를 수놓으십시오.

마르다 마티르 : 당신은 우리 모두를 대신한 순교자입니다. 우리가 가만히 앉아 놀고 있을 때, 당신 혼자 궂은 일을 한다는 것은 불공평하지 않습니까?

하나님께서는 당신이 의무에 충실하고 사역자들을 따뜻하게 보살피며, 경박하고 재미있는 일을 피하는 것을 기뻐하십니다. 그러나 마르다, 왜 그리 봉사를 못해 안달이며 박수받길 좋아합니까? 하늘에 계신 하나님 보좌 우편을 청소하고 싶다는 것이 가능한 일입니까? 생명책에 여러 성자들보다 더 많은 금면류관을 예약해 놓고 싶은 것입니까?

예수님께서는 당신과 많이 닮은 마르다라는 여인을 방문하신 적이 있습니다. 그녀는 집안 일과 요리 준비하는 일이 많아 시달리고 마음이 분주했습니다. 마르다는 예수님께 나아가 가로되 "주여 내 동생이

나 혼자 일하게 두는 것을 생각지 아니하시나이까?"라고 물었습니다. 그녀는 동생이 주님의 발 아래 앉아 생산적인 일이라고는 하지 않는 동안 자기는 얼마나 바쁜지 주님께서 분명히 알아주기를 바랐던 것입니다. 그러나 주님께서는 "마르다야 마르다야 네가 많은 일로 염려하고 근심하나 그러나 몇 가지만 하든지 혹 한 가지만이라도 족하니라 마리아는 이 좋은 편을 택하였으니 빼앗기지 아니하리라"(눅 10 : 41-42)고 대답하셨습니다.

마르다, 당신은 많은 일로 염려하고 근심하고 있습니다. 마리아가 주님에게 배우고 있는 동안, 당신은 천국에 가기 위해 당신 자신의 방법대로 일을 하고 있지만, 사실은 세상의 명예를 위해 초조해 하고 법석을 떨며 애가 타서 안달복달하고 있는 것입니다.

마르다, 접시를 몽땅 혼자 닦고서는 훌쩍거리지 마십시오. 앞장서서 헌 옷을 수집하고 나서 좌절할 필요가 없습니다. 당신이 해 주길 다른 사람들이 진정으로 바라는 것만 해 주고 칭찬은 기대하지 마십시오. 산상수훈의 가르침에 따르십시오. "너는 구제할 때에 오른손의 하는 것을 왼손이 모르게 하여 네 구제함이 은밀하게 하라 은밀한 중에 보시는 너의 아버지가 갚으시리라"(마 6 : 3-4)고 말씀하시기 때문입니다.

이제 자신에 대한 동정심과 순교 정신을 버리고, 아무도 모르게, 공개적으로 자랑하지 않고 진심으로 가난한 자를 도와줄 수 있겠습니까?

마르다, 빛바랜 고생의 주머니를 내려놓고 은밀한 구제로 손가방을 가득 채우십시오.

래리 레이지 : 당신은 부담없고 매력적인 사람입니다. 모든 사람과 사이좋게 지내며 항상 온유합니다. 그러나 교회는 당신을 신뢰하지 못하고, 여자 성도들은 당신 아내가 지붕의 구멍을 수리해야 한다면서 자주 기도를 부탁하는 데도 지쳐 있습니다.

래리, 왜 의자에서 일어나 움직이지 않습니까? "눈에 안 보이면 잊어버린다."는 당신의 신조를 바꾸십시오. 더 이상 "문제를 해결하는 것보다 참고 넘기는 것이 쉽다."고 말하지 마십시오.

"수동적 신앙인 상"을 주었을 때, 우리는 당신이 그것을 달고 다니리라고는 생각지도 못했고, 생일날 등나무 흔들의자를 선물했을 때, 그것에 푹 파묻혀 지낼 줄은 정말 꿈에도 몰랐습니다.

"게으른 자는 그 부리는 사람에게 마치 이에 초 같고 눈에 연기 같으니라"(잠 10 : 26)고 했습니다. 래리, 당신은 아내의 이에 초처럼 신 존재는 아닙니까? 자신만의 안락을 찾는 일은 그만두십시오. 지금은 남편과 아버지로서 책임을 다할 때입니다.

"부지런한 자의 손은 사람을 다스리게 되어도 게으른 자는 부림을 받느니라"(잠 12 : 24).

래리 레이지, 모든 교인은 당신이 승리하길 바라고 있습니다. "…이 땅의 모든 백성아 스스로 굳세게 하여 일할지어다 내가 너희와 함께 하노라 만군의 여호와의 말이니라"(학 2 : 4).

래리, 휴게실용 가운을 벗어버리고 일하는 데 필요한 기름 묻은 작업복을 입을 수 있겠습니까?

위니 위트니스 : 우리는 당신이 필요합니다! 어느 모임에서나 열렬한 간증은 필요하니까요. 하나님께서는 자신을 증거하려는 당신의 열성을 아주 기뻐하시고, 당신이 간증하고 구원의 말씀을 암송하는 것을 듣기 좋아하십니다.

그러나 당신은 너무 과격한 방법으로 접근하기 때문에 오히려 그들에게 상처를 주고 있습니다. 당신이 십계명의 네 번째 계명까지 설명하기 위해 계속 붙잡는 바람에 비행기를 놓칠 뻔했던 여자를 기억하나요? 당신이 복음 장갑으로 너무 세게 잡는 바람에 울면서 집에 간 어린 소녀는 어떻고요! 결코 천국에 못갈 거라는 얘길 들은 당신의 남편이 얼마나 낙심하게 되었는지 생각해 보신 적이 있습니까?

위니, 하나님께서는 당신이 간증해 주길 바라십니다. 그러나 남의 감정도 생각해야 합니다. 쉬는 시간을 간증 시간으로 만들지 마십시오. 점심 식사 모임마다 부흥회를 할 필요는 없습니다.

위니, 열정은 잃지 말되 부드러운 영혼으로 사람들을 대하십시오. 사람들이 변화된 당신의 모습과 삶을 통해 그리스도를 발견하도록 하십시오.

베드로전서 3 : 1-4에서는 "아내 된 자들아 이와 같이 자기 남편에게 순복하라 이는 혹 도를 순종치 않는 자라도 말로 말미암지 않고 그 아내의 행위로 말미암아 구원을 얻게 하려 함이니 너희의 두려워하며 정결한 행위를 봄이라 너희의 단장은 … 오직 마음에 숨은 사람을 온유하고 안정한 심령의 썩지 아니할 것으로 하라 이는 하나님 앞에 값진 것이니라"고 충고하고 있습니다.

위니, 남편을 비난하지 말고 사랑하십시오. 남편이 당신을 반대하게 하지 말고 당신 같은 신자가 되고 싶어하도록 하십시오. 하나님의 말씀이 당신 생활에서 실천되는 것을 볼 수 있게 하십시오. 당신의 행동이 정말로 순수하고 경건하게 바뀌어진 모습을 볼 때, 그는 하나님을 믿을 것이며 당신은 한 마디 전도의 말도 할 필요가 없게 될 것입니다.

하나님과 사람들 앞에 다같이 귀중하고 온유하며 평화스런 심령을 구하십시오. "마땅히 주의 종은 다투지 아니하고 모든 사람을 대하여 온유하며 가르치기를 잘하며 참으며"(딤후 2 : 24) 라고 성경은 말하고 있습니다.

위니, 그 닳아빠진 복음 장갑을 주머니에 집어 넣고 온유함의 새 장갑을 낄 수 있겠습니까?

조 조크 : 당신은 여러 면에서 승리자일지 모르나 결혼에서는 실패자입니다. 성숙하려 들지 않고 게임과 오락만 즐기는데, 이제는 진정으로 변화할 때입니다. 바울은 "내가 어렸을 때에는 말하는 것이 어린아이와 같고 깨닫는 것이 어린아이와 같고 생각하는 것이 어린아이와 같다가 장성한 사람이 되어서는 어린아이의 일을 버렸노라"(고전 13 : 11)고 했습니다.

조, 어른들의 세계에서 제대로 처신하길 원하면 어린아이와 같은 행동은 버려야 합니다. 머리되시는 그리스도의 분량까지 자라야 합니다.

초신자인 당신은 그리스도의 몸된 교회의 한 지체가 되어야 합니다. 당신의 몸은 이미 육체적으로 잘 단련되어 있으니 이제는 영적으로 몸의 한 부분이 되어야 합니다. "그에게서 온 몸이 각 마디를 통하여 도움을 입음으로 연락하고 상합하여 각 지체의 분량대로 역사하여 그 몸을 자라게 하며 사랑 안에서 스스로 세우느니라"(엡 4 : 16).

조, 하나님께서는 당신이 그리스도의 지체가 되길 원하십니다. 바울도 신체를 가꾸라고 강조했듯이 육체적 단련이 결코 나쁘지는 않습니다. 다만 무엇을 우선적으로 하느냐가 문제입니다.

아내에게 돌아가 새 인생을 갖게 되었다고 이야기하십시오. 아내가 무엇을 원하는지 알아내서 바로 그것을 해 주십시오. 주님께서는 "…자기 아내 사랑하기를 제 몸같이…"하라고 하셨습니다(엡 5 : 28).

조, 영적인 몸이 된다고 해서 균형 잡힌 몸매가 바뀔까 염려하지 마십시오. "그러므로 우리가 낙심하지 아니 하노니 겉사람은 후패하나 우리의 속은 날로 새롭도다"(고후 4 : 16).

조, 그리스도 안에서 자라면 그 안에도 얼마든지 당신을 흥분시킬 일들이 있습니다. 외적인 맵시에 신경 쓰지 말고 날마다 새로워지는 내적인 인격에 신경을 쓰십시오.

길다 길트 : 당신은 참으로 활동적이고 생기에 넘쳐 있으며 같은 시간 동안 다른 여자들에 비해 훨씬 많은 일을 합니다. 하나님께서는 당신의 업적과 남에게 축복하는 것을 감찰하고 계십니다. 그러나 교회

지도자로서 당신이 다른 사람들의 삶에 얼마나 많은 영향을 끼칠 수 있는지 알아야 합니다. 당신은 바르게 격려하는 것만으로는 성이 차지 않아 그들을 당신이 하고 싶은 대로 끌고 가고 있군요.

당신은 베풀기 좋아하고 호의적이지만, 베푼 사람에게 은연중에 항복할 것을 요구합니다. 사람들에게 부담지우지 말고 일대일의 동등한 관계를 맺으십시오. "많은 친구를 얻는 자는 해를 당하게 되거니와 어떤 친구는 형제보다 친밀하니라"(잠 18 : 24).

친구는 상대의 기분에 관심을 갖지만 상대를 마음먹은 대로 조종하려 들지는 않습니다. "사랑은 … 교만하지 아니하며 무례히 행치 아니하며 자기의 유익을 구치 아니하며 성내지 아니하며 악한 것을 생각지 아니하며"(고전 13 : 4-5).

길다, 함께 어울리고 또 당신을 만나고 싶어하는 친구를 갖기 원하나요? 그렇다면 그들이 하는 대로 가만히 내버려두십시오. 그들 스스로 결정하게 하고 조종하려 들지 마십시오. 자기가 이용당하고 있고, 판단받고 있는 줄 알면 어느 누구라도 가만히 있지 않을 것입니다.

길다, 정죄의 외투를 벗어 던지고 당신의 친구를 사랑의 겉옷으로 감싸십시오.

글로리아 가십 : 앞으로 나오세요. 당신은 간섭하려 들고 전화통에 붙어 있기 좋아하는군요. 당신의 이야기는 창조적이고 재미있지만 너무 과장스러워 어디까지가 진실인지 알 수가 없습니다. 재치가 번쩍이

는 당신은 확신에 차서 남들에게 말을 전하지만 그 이야기로 상처받은
사람도 많습니다. 당신에게만 은밀히 부탁한 기도의 제목들이 재빠르
게 움직이는 당신의 머리에서 입술까지 가는 동안 이미 다른 색깔로
변해버리는군요. 이제는 말하기 전에 잠깐 멈추고 혹시 이 이야기가
당사자들을 다치게 하지 않을 지 먼저 생각해 보아야 할 때입니다.

> 내 의견은…
>
> 당신이 상관할 바는 아니지만…
>
> 내가 들은 바로는…
>
> 이 이야기는 해선 안 되지만… 등등

더 이상 하지 마십시오! 당신은 험담이 다른 사람을 즐겁게 한다고
생각하겠지만, 성경은 당신같이 모든 일에 입을 여는 것은 말썽만 일
으킬 뿐이라고 말하고 있습니다.

"두루 다니며 한담하는 자는 남의 비밀을 누설하나 마음이 신실한
자는 그런 것을 숨기느니라"(잠 11 : 13).

"패려한 자는 다툼을 일으키고 말장이는 친한 벗을 이간하느니라"
(잠 16 : 28).

"여자들도 이와 같이 단정하고 참소하지 말며…"(딤전 3 : 11).

글로리아, 하나님께서는 당신이 말을 삼가기 바라시며 "말이 많으면
허물을 면키 어려우나 그 입술을 제어하는 자는 지혜가 있느니라"(잠

10 : 19)고 말씀하십니다.

그분은 당신에게 지혜를 요구하십니다. "지혜로운 자의 마음은 그 입을 슬기롭게 하고 또 그 입술에 지식을 더하느니라 선한 말은 꿀송이 같아서 마음에 달고 뼈에 양약이 되느니라"(잠 16 : 23-24).

글로리아, 교인들과 교회에 대해 할 말이 많겠지만 혀를 제어하고 남에게 상처를 주지 않도록 해야 합니다. 왜냐하면 "아름다운 여인이 삼가지 아니하는 것은 마치 돼지 코에 금고리" 같기 때문입니다(잠 11 : 22).

글로리아, 이제 바뀔 때가 되지 않았습니까? 뻔뻔스럽고 겉만 번지르르한 험담의 장신구들을 벗어던지고 진실한 언어의 순금 반지를 껴 보는 것이 어떨까요?

겔트루드 그루지 : 그 죄악 기록부를 들고 앞으로 나오십시오. 하나님께서는 당신이 뛰어난 능력을 지니고 분별력을 발휘하는 것을 기뻐하십니다. 그러나 겔트루드, 용서하지 못하는 버릇을 버리고 하나님께서 원하시는 것이 무엇인지부터 분별해야 합니다. 하나님께서는 우리를 용서하셨고 그래서 우리도 남을 용서하기를 원하십니다.

"… 내가 그들의 죄악을 사하고 다시는 그 죄를 기억지 아니하리라 여호와의 말이니라"(렘 31 : 34).

하나님께서는 우리의 허물을 용서하시고 기억하지도 기록하지도 않으십니다. 그분은 우리의 죄를 서쪽 이편에서 동쪽 저끝으로 옮기시며, 죄를 바다 깊숙한 곳에 감추고 범죄한 것을 소멸해 주십니다. 그러나 겔트루드 당신은 스스로 의롭다 여기려고 남의 허물 기록하기를 즐기지는 않습니까?

"너희가 사람의 과실을 용서하면 너희 천부께서도 너희 과실을 용서하시려니와"(마 6 : 14).

특별히 당신을 위한 하나님의 말씀에 귀를 기울이십시오.

"서서 기도할 때에 아무에게나 혐의가 있거든 용서하라 그리하여야 하늘에 계신 너희 아버지도 너희 허물을 사하여 주시리라 하셨더라"(막 11 : 25).

몇 번이나 용서해 줘야 합니까?

"만일 하루 일곱 번이라도 네게 죄를 얻고 일곱 번 네게 돌아와 내가 회개하노라 하거든 너는 용서하라 하시더라"(눅 17 : 4).

"서로 인자하게 하며 불쌍히 여기며 서로 용서하기를 하나님이 그리스도 안에서 너희를 용서하심과 같이 하라"(엡 4 : 32).

겔트루드, 원망을 그치고 남의 실패를 빠뜨리지 않고 적는 것을 그만두십시오. 죄악 기록부를 내려 놓고 용서의 머플러를 두르십시오.

당신은 어떠한가? 하나님께 당신의 인생에 간섭해서 평강을 달라고 요구한 적이 있는가? 헌 옷을 벗고 새 옷으로 갈아 입었는가? 아직도 옛날 그 옷에 기독교 신자라는 장식품만 달고 다니는가? 긍휼의 외투는 걸치고 있는가? 겸손의 앞치마는 두르고 있는가? 오래 참음의 조각

장식 천은 붙일 수 있는가? 구제의 손가방을 들고 다닐 수 있는가? 당신 자신과 친구들을 용서의 머플러로 감싸줄 수 있는가? 삶 전부를 사랑의 벨트로 묶을 수 있는가? 어디에서 평강의 호주머니를 달아 주는지 알고 있는가?

당신의 삶에 변화가 필요한 부분을 발견했다면 서슴지 말고 헌 옷을 벗어버리고 평생 입을 새 옷을 한 벌 마련하라. 주님의 영이 우리 안에서 역사할 때, 우리는 한 걸음 한 걸음 그분을 닮아갈 수 있을 것이다.

바울은 어려운 인간 관계를 어떻게 풀어갔는가 ?

5

바울은 어려운 인간 관계를 어떻게 풀어갔는가?

성경을 본격적으로 공부하기 전, 나는 언제나 바울을 성자 이상의 초인간으로 생각했다. 그를 사람이라기보다 대리석 동상으로, 그의 많은 가르침은 돌판에 새겨져 있을 거라고 상상했다. 그러나 바울에 대해 연구할수록 점점 인간적인 모습으로 다가왔고 얼마 있지 않아 친구처럼 가깝게 느껴졌다.

어떻게 위대한 사도가 친구로 변할 수 있었겠는가? 친구가 되는 과정을 생각해 보면, 처음에는 시간을 같이 보내다가 공통 관심사를 발견하고 곧 서로의 부족한 점이나 어려움을 분담한다. 바울은 빌립보서 3 : 10에서 "내가 그리스도와 그 부활의 권능과 그 고난에 **참예함**을 알려 하여 그의 죽으심을 **본받아**"라고 설명한다.

바울의 말씀을 공부해 나가면서 고난과 문제에 접할 때, 페이지마다 넘쳐나는 그의 권능에 놀라기도 하고 나와 닮은 점이 많다는 것 또한 발견했다. 바울과 나는 둘 다 담즙질로 타고난 지도자형이고, 세계를 품에 안을 각오가 돼 있는 사람들이다. 그러나 주님께서는 우리를 낮추시려고 우리로서는 도저히 어쩔 수 없는 상황에 직면하게 하심으로써 어려운 상황에서도 여유를 가질 수 있게 가르치셨고, 또 "어려운" 사람들에게 몸소 배운 그 진리를 가르치도록 보내셨다.

나는 처음 성경공부 교재로 사용한 골로새서를 통해 바울의 영혼에 흠뻑 빠져 들었고, 어느 날 빌레몬서에서 바울이 인간 관계의 매우 미묘한 문제를 깊이 있게 다루고 있음을 깨달았다.

골로새의 부유한 비단 상인 빌레몬은 장사를 하러 에베소에 왔다가 그 곳에서 복음을 전하고 있던 바울을 만나 구주를 영접했다.

바울! 어찌 그리 나와 닮았는지…. 주님을 증거하기 위해 얼마나 많은 완악한 심정의 여성들과 복음에 대해 대화를 나눴던가!

빌레몬은 믿음이 자라면서 자기 집을 새신자들에게 개방했고 얼마 안 가 그것은 교회로 발전했다. 빌레몬은 친구들, 가족과 노예들을 전도했다. 그러나 그 중 젊은 노예 오네시모만은 자기 주인이 위선적이라고 느꼈다. 자기 노예들은 풀어 주지 않으면서 어떻게 그리스도 안에서 헬라인이나 유대인이나 주인이나 노예나 차별 없이 하나라고 말할 수 있는가? 이렇게 느끼고 있는 오네시모에게 주님의 사랑을 설교한다해도 믿으리라고 기대할 수 있는가?

어느 날, 이 똑똑하고 의지가 굳은 노예는 도망쳐 버렸다. 로마까지의 여비와 자유를 얻기 위해 쓸 돈을 마련하려고 주인의 물건을 훔쳤을지도 모를 일이다. 그러나 오네시모는 집을 떠나 자신만의 자유 분방한 생활을 한다고 해서 반드시 진정한 자유를 발견할 수 있는 것이 아니라는 것을 알게 됐다. 로마에서 도와줄 친구도 없고 돈도 궁해지자 감옥에 있는 바울이 생각났다. 에베소에서 바울이 노예인 자기를 친절하게 대하면서 멸시하지 않았다는 것을 기억해냈다.

오네시모는 감옥에 있는 바울을 수소문해서 찾아갔다. 바울은 그를 기억하여 따뜻하게 맞이하여 의논해 주었고, 또 주님께로 인도해 주었다. 같이 기도하고 얘기를 나누면서 바울은 자신도 쇠사슬에 묶여 보초가 항상 지키는 상태에 있으면서도, 오네시모에게 도망쳐 나온 것은 잘못이고, 이제 신자된 자로서 골로새로 돌아가 주인에게 죄를 고백하고 용서를 구해야 한다고 타일렀다. 법에 따라 주인은 도망친 노예를 죽일 수 있기 때문에 오네시모는 자기 장래에 희망을 가질 수 없었다. 바울은 까다로운 인간 관계에 직면한 것이다. 어떻게 해야 자기 친구인 빌레몬에게 이 노예를 받아들이고 용서해 주라고 설득시킬 수 있을 것인가. 더군다나 직접 가서 얼굴을 맞대고 이야기하거나 전화로 설명할 수도 없는 처지에서 말이다.

바울은 자신이 설득력이 약하다고 느끼고 있었고, 자기 뜻을 잘 이해하지 못하는 사람과는 좋은 관계를 댖지 못했다. 실제로 사람들도 바울을 어렵게 느끼곤 했다. 그러나 하나님께서는 바울이 자기 목숨을 기꺼이 바치고자 할 때, 그를 통해 기적처럼 역사하셨다. 빌립보 감옥에 있을 때 바울은 "너희 안에서 행하시는 이는 하나님이시니 자기의 기쁘신 뜻을 위하여 너희로 소원을 두고 행하게 하시나니"(빌 2 : 13)라고 했다.

바울은 오네시모 문제에 대해 목적과 계획을 가지고 있었다. 그래서 빌레몬에게 편지를 썼다.

당신이라면 이런 상황에서 어떻게 하겠는가? 혹시 최근 인간 관계에 문제가 있는가? 또는 인생 행로에 평안을 줄 수 있는 도움이 필요한가?

바울은 이 어려운 상황에서 어떻게 대처했는지 살펴보자.

인사

바울은 추켜세워 주는 말로 서두를 꺼낸다.

"… 우리의 사랑을 받는 자요 동역자인 빌레몬과… 네 집에 있는 교회에게 편지하노니 하나님 우리 아버지와 주 예수 그리스도로 좇아 은혜와 평강이 너희에게 있을지어다"(몬 1 : 1-3).

자신의 편지가 언제나 회중들과 함께 읽혀짐을 아는 바울은 인사하는 것으로 시작했다. "우리의 사랑을 받는 자, 빌레몬!" 우리가 만약 빌리 그레이엄(Billy Graham)이나 교단의 총회장으로부터 "우리의 사랑을 받는 자, 친구여!"라고 호칭한 편지를 받는다면 얼마나 흥분하겠는가? 바울은 또한 빌레몬을 주님의 일을 하는 데 자신과 함께 멍에를 진 "동역자"라고 불렀다. 빌레몬은 단지 사랑받는 자가 아니라 바울과 동등한 자였다. "네 집에 있는 교회"에서 빌레몬이 신자들을 은혜스럽게 영접하고 또 양떼들의 목자처럼 그들을 섬기고 있다고 바울이 인정을 해 준 것이다. 주님께서는 빌레몬의 가슴에 은총, 은사, 축복, 사랑, 평강을 심어줄 것이다. 이제 그럴 자격은 충분하니까!

과연 우리는 어떤 사람과 문제가 있을 때, 상대방을 세워 주면서 접근하는가? 오히려 제대로 인사도 하지 않고 피해자일지도 모르는 상대방에게 모든 책임을 묻지나 않는지….

"잘 들어, 이 바보야, 또 잘못을 저질렀군! 오늘 당신 아들이 무엇을 또 망쳐 놨는지 잘 들어보라구! 내가 고치라고 했는데도 당신이 수도 꼭지를 수리해 놓지 않아서 지하실이 온통 물바다가 되어 버렸어!"

또 어떤 사람들은 아주 어려운 때인데도 비명을 지르는 대신 입을 꾹 다문 채 자기가 낙심해 있는 이유를 상대가 헤아리기를 원한다.

"뭐가 잘못됐어?"

"아무것도…."

"분명히 뭔가 있을 거야. 열흘 동안 한마디도 안 했잖아!"

"아무것도 아니라니깐. "

"또 네 엄마 때문이야?"

"아니."

"그럼 애들?"

"아니라니깐."

똑같은 대화의 반복. 20번 이상 질문해야 겨우 문제에 가까이 가게 되며 즐겁게 해 주려고 했던 상대방에게 오히려 화만 낸다.

그러나 바울은 어려운 문제에 처했을 때, 상대방에게 공손하게 인사하는 것으로써 접근하는 모습을 보여 준다.

바울은 인사가 끝났다고 해서 단번에 친구에게 어려운 문제를 부담 지우지 않는다. 대신 진정한 관심을 표시한다.

"내가 항상 내 하나님께 감사하고 기도할 때에 너를 말함은"

(몬 1 : 4).

바울이 누구를 위해 기도한다고 얘기하면 그것은 진정으로 간구하고 있다는 것을 의미한다. 그는 "당신을 위해 기도할께요!"라고 해놓고는 그 약속을 곧 잊어버리는 우리와는 다르다.

큰 수술을 받을 예정이라며 친구가 전화로 기도를 부탁해왔던 일이 있다. 그러나 나는 약속만 해 놓고는 강연 여행을 떠났고, 그 불쌍한 친구를 곧 잊어버렸다. 여행에서 돌아왔을 때, 그 친구는 기도해 줘서 고맙다고 했다. 내 기분이 어떠했겠는가?

우리 가운데 얼마나 많은 사람들이 말뿐인 약속을 잘하는가? 우리는 믿을 만한 존재가 못 된다. 그러나 바울이 "내가 항상 기도할 때에 너를 말함은"이라고 서신에 적었을 때는 우리와 다르다. 바울은 기도했을 뿐만 아니라 하나님께 자기 친구 빌레몬을 위해 감사드렸다.

당신을 위해 매일 기도해 주는 사람이 과연 몇이나 있는가? 당신을 격려하고, 바로 당신 때문에 하나님께 감사할 수 있는 사람은 얼마나 있는가? 또 당신은 얼마나 많은 사람을 위해 끊임없이 기도하고 있는가? 당신이 얼마나 진정으로 그들을 염려하는지 그들은 알고 있는가?

문제가 많은 사람을 위해 기도할 수 있겠는가? 당신에게 상처를 준 사람을 위해 기도할 수 있는가?

바울은 빌레몬을 진정으로 염려하여 6절에 이렇게 덧붙였다.

"이로써 네 믿음의 교제가 우리 가운데 있는 선을 알게 하고 그리스도께 미치도록 역사하느니라 "

바울은 빌레몬과의 가운데 있는 "선을 알기를" 원했다. 그리스도께서 자기와 그를 염려하듯이 자기도 그를 진정으로 염려하는 그런 선을 말이다.

칭찬

바울은 또다시 긍정적인 언급을 보태는데 7절에서 빌레몬이 해온 일에 대해 흥분을 금치 못하고 감사해 하고 있다.

"형제여 성도들의 마음이 너로 말미암아 평안함을 얻었으니 내가 너의 사랑으로 많은 기쁨과 위로를 얻었노라 "

바울은 빌레몬이 갖고 있는 성도에 대한 사랑, 기쁨, 격려와 위로를 칭송하고 그것들이 성도들의 마음에 퍼졌음을 칭찬한다. 당면한 문제에 대한 상대방의 긍정적인 반응을 끌어내는 데는 상대방이 과거에 얼마나 좋았던가를 일깨워 주는 것만큼 좋은 방법이 없다. 과연 우리 가운데 상대방의 과거를 칭찬하면서 문제에 접근하는 사람이 몇이나 있겠는가!

바울은 지금 오네시모의 생사가 걸린 문제를 안고 있으면서도 아주 능숙하고도 진지하게 인사와 관심과 칭찬으로 서두를 이어가고 있다. 이제는 문제의 핵심으로 들어갈 차례다.

타협

스스로 자기 인생을 책임지려는 것이 인간의 본성이기 때문에 우리는 권력을 행사할 수 있는 어떤 인물, 직위, 상황 등을 이용하려 든다. 곤경에 처했을 때, 그들에게 도움을 청해서 그들의 힘으로 중재되길 바란다.

그러나 바울은 어떠했는가? 빌레몬을 개인적으로 주님께 인도했고, 그에게 성도의 삶에 대한 기본을 가르쳤다. 당시 기독교 사회에 생존해 있는 가장 뛰어난 지도자로, 어떤 문제도 사도적 권위를 가지고 중재할 수 있는 바울이 아닌가. 8절에서 "… 많은 담력을 가지고 네게 마땅한 일로 명할 수 있으나"라고 하지 않았는가. 마음먹은 대로 남들을 합법적으로 명령할 수 있는 권력을 차지하기 위해 수단과 방법을 가리지 않는 사람들도 얼마든지 있다.

"사랑을 인하여 도리어 간구하노니…"(몬 1 : 9).

당신을 향해 갖고 있는 사랑이 도리어 나로 하여금 간구하게끔 한다고 바울은 고백한다.

"… 나이 많은 나 바울은 지금 또 예수 그리스도를 위하여 갇힌 자되어 갇힌 중에서 낳은 아들 오네시모를 위하여 네게 간구하노라"

(몬 1 : 9-10).

드디어 바울은 도주한 노예 오네시모의 문제를 끄집어낸다. 당신이 빌레몬이라면 어떻게 반응하겠는가?

"잡히기만 하면 죽여버릴 테다. 보이기만 하면 목을 비틀어버릴 거야!"

그러나 바울은 바로 10절에서 "갇힌 중에서 낳은 아들"이라고 했다. 오네시모는 이제 신자가 되었고, 바울에 의해 그리스도에게 인도되었다. 이것은 오네시모의 장래에 대해 이제와는 다른 소망을 갖게 한다.

빌레몬의 마음속을 꿰뚫듯이 바울은 11절에서 "저가 전에는 네게 무익하였으나 이제는 나와 네게 유익하므로"라고 말을 잇는다. 바울은 여기에서 오네시모가 "소용 있고 유익한 사람"이 되었다는 것을 뚜렷하게 나타낸다.

그리고 나서 바울은 자기가 하고 싶은 말을 한다.

"네게 저를 돌려보내노니…"

죽이라고 돌려보내는가?

"저는 내 심복이라"(몬 1 : 12).

노예를 심복으로 삼을 만큼 그를 사랑한단 말인가?

"저를 내게 머물러 두어 내 복음을 위하여 갇힌 중에서 네 대신 나를 섬기게 하고자 하나"(몬 1 : 13).

나는 여기에서 번득이는 바울의 예리한 유머 감각을 좋아한다. 오네시모는 신자고, 자기 아들이고, 자기와 빌레몬 둘 다에게 유익하고,

자기 심복인데도 돌려보내고, 또 머물러 뒀으면이라고 빌레몬에게 이야기할 뿐만 아니라, "내게 머물러 둬서 네 대신 나를 섬기게 했으면 한다"고 덧붙였다.

"네 대신"이라는 이 세 글자는 "친구여, 최근에 소식이 통 없군. 내가 한창 순회 전도자로 활약할 때는 나를 알고 있는 것을 자랑스러워하더니 감옥에 갇힌 후로는 잊어버린 모양일세. 내게 어떤 위문품도 먹을 것도 보내 주지 않았고, 비밀 탈주 계획도 세우지 않지 않았는가? 또 설립 때, 내가 도와주었던 자네의 부흥 중인 교회도 선교 사명을 잊어버린 모양일세. 모든 상황을 판단컨대 자네 대신 오네시모를 내 곁에 두고 싶은 마음이 꿀떡 같네!"의 준말인 것이다.

선택

"다만…"

충분히 명령할 수 있는 위치에 있는 바울이지만 빌레몬에게 무엇을 하라고 하지 않는다. 대신 몇 가지 타협안을 제시하고 그에게 선택하도록 한다.

"다만 네 승락이 없이는 내가 아무것도 하기를 원치 아니하노니 이는 너의 선한 일이 억지같이 되지 아니하고 자의로 되게 하려 함이로라"(몬 1 : 14).

그 청년을 용서해 주고 네가 나를 영접하듯이 그도 영접하고, 그리고 그를 네 축복과 함께 내게로 돌려보내 주길 바란다. 그러나 억지로 요구하지는 않는다. 선택은 네게 있다. 강요는 않는다.

도전

남들에게 그들이 가진 기준 밖으로 나가도록 도전시키는 사람은 거의 없다. 그러나 바울은 그렇게 심약하지 않다. 그는 이 문제가 가장 평범한 방법이 아닌 모두가 승리할 수 있는 방법으로 해결되기를 바란다.

"그러므로 네가 나를 동무로 알진대 저를 영접하기를 내게 하듯 하고"(몬 1 : 17).

"바울, 나에게서 무얼 원하는가? 용서만 해 줘도 충분하지 않은가? 도망간 노예 한 명 때문에 법석을 떠는 나를 보고 사람들이 뭐라고 하겠는가? 이게 아마 나쁜 선례가 되고 상류 사회에서 소요가 일어날 걸세. 그냥 없던 일로 하면 안 될까?"

"네가 나를 동역자로 생각한다면 네가 나를 영접하듯이 그를 영접하라."

바울이 간다면 빌레몬은 그를 어떻게 영접하겠는가? 또 당신이 나가는 교회에 바울이 방문한다면 그를 어떻게 환영하겠는가? "바울 사도와 함께 복음의 전부를"이라는 대형 포스터를 붙이고 지방 신문에 광고를 내고, 주보에 안내하고, 바울의 사진이 들어간 배지를 만들지 않겠는가?

"저를 영접하기를 내게 하듯 하라!"

통상적인 사회 규범을 뛰어넘어 잃어버렸던 어린 양을 다시 발견한 것을 오히려 축하한다는 것은 얼마나 큰 도전인가!

그리고선 바울은 18절에서 또 다른 유머 감각을 발휘한다.

"저가 만일 네게 불의를 하였거나 네게 진 것이 있거든 이것을 내게로 회계하라"

만약 빌레몬이 변상을 요구할 생각이면 바울은 자기 신용카드로 결제해 줄 수 있다고 말하고 있다. 간수 딸린 감옥에서 쇠사슬에 묶여 있는 처지에 바울이 신용이 있으면 얼마나 있겠는가? 그러나 바울은 인생을 깊이 통찰하는 것을 배웠고, 심각한 상황에서도 가볍게 대처할 수가 있었다.

"나 바울이 친필로 쓰노니 내가 갚으려니와…"(몬 1 : 19).

그리고 빌레몬이 어디에서, 무엇에 관한 변상을 말하는 것인지 궁금해 할 때를 대비해서 바울은 "…너는 이외에 네 자신으로 내게 빚진 것을 내가 말하지 아니하노라"(몬 1 : 19)고 덧붙인다. "만약 나에게서 단돈 5센트라도 얻지 못했다면 네 인생이 무슨 가치가 있었겠는가? 생각해 보라!" 바울은 듣기 싫은 소리를 자꾸 되뇌는 것은 아니다. 그는 우리가 흔히 직설적으로 얘기하듯이 "내가 오늘의 너를 만들었다."고 말하지 않는다. 그는 단지 "자신이 기꺼이 지불할 용의가 있는데 혹시 돈으로 갚지 못할지라도 네 인생을 나에게 빚지고 있다는 것을 기억하라"고 빌레몬에게 알려 주는 것이다. 그리고선 "오 형제여 나로 주 안에서 **너를 인하여** 기쁨을 얻게 하고 **내 마음이** 그리스도 안에서 평안하게 하라"(몬 1 : 20)고 덧붙인다.

나를 기쁘게 해 주길 원하면 안부 엽서나 꽃다발을 배달시키지 말고 단지 오네시모를 내게 하듯이 영접하라. 그게 내가 요청하는 전부고 또 네가 그렇게 해 주길 바랄 뿐이다.

확신

상대의 태도와 지혜에 확신을 갖고 있다는 것을 보여 주는 것만큼 상대가 합의 사항을 준수하게 하는 좋은 방법은 없다. 바울이 얼마나 고무적인 말들을 사용하는가?

"**나는** 네가 순종함을 확신하므로 네게 썼노니 네가 **나의 말보다 더** 행할 줄을 아노라"(몬 1 : 21).

"확신하므로"와 "나는 아노라" 이 얼마나 확실한 격려의 말인가! 참으로 많은 사람들이 능력을 불신하는 투의 얘기를 자주 한다. "너는 결코 할 수 없을 걸!", "네가 할 수 있는 가능성이 전혀 없어!", "너는 언제나 일을 그르쳐!", "왜 너는 ○○처럼 잘 할 수 없니?" 등등.

"나는 당신을 믿어요. 당신이 해내리라 확신해요!"라고 얘기하는 사람에게 우리는 얼마나 쉽게 끌리는가?

혹시라도 자신의 신뢰감이 빌레몬을 완전히 감동시키지 못할 것을 염려하여 바울은 결정적인 이야기를 한다.

"오직 너는 나를 위하여 처소를 예비하라…"(몬 1 : 22).

언제라도 다음 비행기를 타고 나는 이 곳을 뛰쳐나가 그 곳에서 같이 축하할 준비가 되어 있다.

마지막으로 교회가 자신을 위한 기도를 혹시 등한히 할 것에 대비해서 성도들의 영혼에 대고 확신을 갖고 호소한다. "너희 기도로 내가 너희에게 나아가게 하여 주시기를 바라노라… 우리 주 예수 그리스도의 은혜가 너희 심령과 함께 할지어다"(몬 1 : 22, 25).

이 얼마나 아름다운 서신인가! 바울은 적대적 상황 아래 있는 부담스러운 두 사람을 겸손하고도 조심스럽게 잘 대함으로써 주님께 영광을 돌리고 있는 것이다

결론

역사가들에 따르면 빌레몬은 오네시모를 받아들여 용서했고, 교회는 그를 바울의 조수로 임명했으며 나중에는 에베소의 감독까지 되었다고 한다.

자존심을 주머니에 집어 넣고 친구를 위해 곤경에 처할 각오가 되어 있는 사람이 과연 우리 가운데는 얼마나 있는가? 체면 때문에 궁핍한 사람들을 도울 기회를 얼마나 많이 회피했던가? 친구, 배우자, 아이들, 얼마나 많은 주위 사람들이 우리로부터 그들의 인생을 바꿀 수 있

는 격려와 신뢰에 가득 찬 말을 듣기를 원하고 있는가?

도전이 필요한 아이들,

소망이 없는 친구들,

주의 종이 될 만한 청년들,

당신은 이 사람들과 함께 있다.

그들 인생의 진로는 바로 당신에게 달려 있다!

어려운 인간 관계를 극복하는 방법

6

어려운 인간 관계를 극복하는 방법

우리는 대부분의 경우 시험 들게 하는 까다로운 사람들과도 사이좋게 지내고 싶어한다. 데일 카네기(Dale Carnegie)가 쓴 「친구를 사귀고 사람에게 영향력을 끼치는 법」(How to Win Friends and Influence People)은 이 분야의 영원한 베스트셀러다.

오늘날 내적 치유에 대한 강의가 보편화되고, 관련 세미나들이 빠른 속도로 확산되고 있다.

수고와 노력을 들이지 않고도 쉽게 인간 관계를 유지할 수 있는 방법은 없는가? 부정적인 사고를 가진 사람들이 먹기만 하면 행복해 지는 알약이나, 없어져 주었으면 하는 사람들을 다 지워 없앨 큰 잉크 지우개, 검은 구름을 희게 바꿀 수 있는 수정액은 없는가? 곤경에 처한 우리를 구원해 주러 올 슈퍼맨은? 누구나 쉬운 길을 찾지만 노력 없이 마술처럼 쉬운 방법은 없다.

우리는 빌레몬서를 통해 바울은 이런 어려운 상황을 어떻게 대처했는가를 배울 수 있다.

인사

비록 바울이 먼저 창안하긴 했지만, 카네기가 말한 친구 사귀는 법의 기본 원리는 누구에게나 있는 특유의 장점을 발견해서 칭찬해 주는 것이다. 사람은 자신을 드러내기 위해 남을 밟고 올라서는 습성을 갖고 있어 본질적으로 남을 칭찬한다는 것은 힘든 일이다. 크리스천들 가운데는 다른 사람들의 부정적인 면을 지적하는 것을 마치 "하나님께서 주신 은사나 영적 분별력"이라고 부르는 사람들도 많다. 정말로 하나님께서 그런 은사를 주셨다면 하나님께서는 그 은사를 적극적으로 활용하실 것이다. 곤경에 처한 자들을 만나게 해 주고 긍정적인 글을 쓰게 하며 더 나아가 TV 대담 프로에도 출연시킬 것이다.

이런 경우가 벌어지지 않았다면 아마도 그 판단하는 능력은 영적 은사가 아닐 것이므로 남을 칭찬하는 것을 인생의 새 목표로 정하라.

30년 전, 성인 교육청 기초심리학 강의 때에 학생들에게 1주일 간 진정으로 남을 칭찬하고, 주위에 격려가 필요한 사람을 찾아가 칭찬해 주라는 숙제를 내준 적이 있다.

그 다음 주, 한 간호사는 2주에 한 번씩 주사를 맞으러 오는 한 노인 이야기를 했다. 그녀가 병원에 도착할 때면 항상 그 노인은 밖에 서서 기다리고 있었고, 그녀는 고개만 까딱하고는 곧장 병원으로 들어가곤 했다. 오전 9시가 되어야 그 추운 바깥에 서서 기다리는 노인을 불러들여 주사를 놓았다. 숙제를 내준 다음날이 마침 그 노인이 오는 날이라 그녀는 어떻게 노인을 칭찬할까 생각했다. 다음날 노인이 야자수 무늬의 밝은 붉은색 넥타이를 매고 있는 것을 보고 그녀는 "코스텔로 씨, 새 넥타이죠? 야자수가 멋지네요!" 라고 인사를 했고, 그 노인은 고개를 끄덕이는 것 같았다. 그 순간 그녀는 '왜 저 노인을 추운 바깥에다 세워놔야 하지? 안에서 기다리게 해도 되는데' 라는 생각이 들었다. 그녀는 노인을 불러들였고 그는 아주 고마워하며 들어왔다.

이틀 후, 그녀가 병원에 출근하니 그 노인은 장미를 한아름 든 채 자랑스럽게 서 있었다.

"친절하게 대해 주신 것에 대한 보답입니다. 그 넥타이는 내 아들이 팜 스프링스에서 선물로 보내 준 것인데 당신이 그것을 칭찬해 준 유일한 분입니다."

한 젊은이는 남매들과 홀아버지와 같이 살고 있었다. 외동딸이 가족을 위해 가사를 돌보고 있었고 가족들은 그녀의 행동을 당연한 듯 받아들였다. 내가 내준 숙제 때문에 이 젊은이는 칭찬할 거리가 없나 하고 집안을 둘러보다 꽃무늬의 새 커튼을 발견했다. 그가 자기 누이에게 커튼이 참 아름답다고 이야기하자, 누이는 "이제라도 알아주니 참 기뻐요. 몇 달 전에 만든 것인데 누가 알아주리라고는 기대도 안 했어요. 오빠가 처음이에요!"라고 했다. 다음날 그가 직장에서 돌아와보니 침대에 "알아줘서 고마웠어요!" 라고 적힌 쪽지와 함께 새 스웨터가 놓여 있었다.

칭찬하기 위해서는 먼저 "관찰"을 해야 한다. 선입관을 버리고 시각을 흐리는 편견을 제거해야 한다. 내 강의 시간에 학생들로부터 경탄스러운 보고들을 듣고 난 후, 나는 내 자신도 그 숙제를 해 보기로 했다. 마리타와 여행을 할 기회가 있었는데, 그때 격려가 필요한 사람이 있는지 찾아보기로 했다.

어느 날, L. A. 공항에서 평범한 홈드레스에 쇼핑백을 들고 표를 사러 줄을 서 있는 한 부인에게 눈길이 갔다. 그녀의 드레스 앞섶에는 은으로 장식된 하트 모양의 단추가 달려 있었다. "단추가 참 예쁘네요!"라고 말을 건넸다. 그녀는 나를 보고 활짝 웃었다.

"제 친구가 독일에서 선물로 준 거예요. 단추에 어울리도록 드레스는 제가 만들었죠. 당신이 이 단추를 칭찬해 준 첫 번째 사람이에요!"

오늘이라도 당장 이 숙제를 시작하라. 만나는 누구에게나 시도해 보라. 좋은 점을 발견하는 첫 번째 사람이 돼라.

"… 무엇에든지 칭찬할 만하며 무슨 덕이 있든지 무슨 기림이 있든지 이것들을 생각하라"(빌 4 : 8).

세미나에서 이 단추 원리는 많은 호응을 얻었고 많은 사람들이 나를 만나면 웃으면서 "참 예쁜 단추를 달았네요!"라고 말하곤 했다. 인생에서 단추가 몽땅 다 떨어져 버린 사람은 거의 없으므로 그것을 알아채고 칭찬해 주기 위해서는 연습이 필요하다.

바울처럼 어려운 상황에 잘 대처하려면 어떻게 칭찬해야 하는가? 당신을 괴롭게 하는 한 사람을 생각해내라. 그리고 그가 당신에게 다가올 때, 그 단추 원리를 생각하라. 뭔가 칭찬할 만한 거리를 재빨리 찾아내라. 당신이 먼저 칭찬하는 말을 건네면 그도 당신을 걸고 넘어지지는 못할 것이다.

당신 남편은 어떠한가? 다른 여자들은 그의 어떤 점을 인정하는가? 최근 그에게 사랑한다고 말한 적이 있는가?

10대의 자녀들에게는 어떠했는가? 몇 년 동안이나 부모로부터 따뜻한 말을 들어본 적이 없다고 느끼고 있는 건 아닌가?

어느 날, 이 점에 대해 스타르 박사에게 이야기를 했더니 그녀는 뭔가 집히는 표정으로 "바로 그게 내 딸이 찾고 있는 거군요. 내가 칭찬해 주길 바랐던 것 같아요. 나는 그 애가 고전 음악 피아니스트가 되길 바랐는데 그 애가 연주하고 싶어하는 것은 재즈예요. 내가 베토벤을 치라고 해도 그 아인 피아노 앞에 앉아서 재즈만 쳐요. 그러면 나는 한숨지으며 포기하곤 했죠. 이제부터는 그 애가 비록 내가 원하는 음악을 연주하지 않더라도 격려해 줘야겠어요!"

많은 부모들은 단지 자기가 원하는 것을 하지 않는다는 이유로 아이들이 잘하는 것에 대해 칭찬해 주지 않는다. 그럴 경우 아이들은 기가 죽거나, 자기가 하고 싶은 일을 그만두거나, 아니면 자기 능력을 알아주는 다른 사람을 찾게 된다.

어느 날, 컬러 상담 전문가인 친구 집에서 1주일 간 머물다 돌아온 딸 마리타와 그 곳에서 있었던 일에 대해 대화를 나눈 적이 있다.

"그 가정은 뭔가 비정상적이었어요. 그게 무엇인지는 모르지만 어떤 긴장감 같은 것이 느껴졌어요!"

우리는 여러 가능성에 대해 토의하던 중, 한 가지 결론에 도달했다.

"서로 치켜세워 주지 않는다."

격려가 없는 가정은 행복한 가정이 아니며, 그 집의 분위기를 결정 짓는 것은 부모들이다.

이사가는 준비로 한창 바쁠 때, 우리는 남은 음식들을 적당히 섞어 볶음밥을 해 먹으려고 했다. 아들 프레드가 자기 접시에 쌓인 음식을 보고서는 고함을 질렀다.

"도대체 이게 무슨 요리예요?"

남편은 이렇게 말했다.

"엄마가 이 바쁜 중에도 손수 요리했잖니. 고맙게 생각하고 기쁜 마음으로 먹어보렴!"

프레드는 나를 쳐다보고 씩 웃었다.

"엄마, 정말 맛있어요!"

평소 부모가 칭찬을 자주 하면 그 가정은 따뜻하고 긍정적인 분위기로 바뀌고 아이들도 장래에 사랑이 넘치는 가정을 꾸밀 수 있게 된다. 아이들은 부모의 말보다는 행동을 보고 배운다.

칭찬이 사회 생활이나 사업 활동에 어떤 영향을 미치는가? 지도자라면 잘 따르지 않는 사람 한둘은 반드시 만나기 마련이다. 아랫사람에게 자신의 주장을 따르도록 하고 싶은 것은 당연하지만 그러한 본성을 죽이고 오히려 그들을 칭찬하고 다른 사람들 앞에서 치켜올려 주면 쉽게 협조적인 관계를 유지할 수 있다. 나는 여러 조직의 회장직을 맡고 있는데 회장의 계획을 망치게 하는 것이 인생의 유일한 즐거움인 듯한 여자들을 많이 보았다. 그때마다 나는 개인적으로 그들을 칭찬해 주면서 내 계획을 밀고나가곤 한다.

"예, 참으로 훌륭한 생각입니다. 당신의 제안에 동의하지 않는 사람은 아무도 없겠군요!"

더욱 효과적인 것은 그들의 등 뒤에서 간접적으로 긍정적인 언급을 하는 것이다. 마벨의 친구에게 "마벨의 제안이 얼마나 쓸만 한지 아세요? 그녀는 언제나 가장 좋은 방법을 생각해내요. 나는 그녀의 그런 점이 좋아요!"라고 말해 보라. 그 친구는 아마 마벨의 제안이 쓸만 하다는 나의 말에 어리벙벙했겠지만 몇 분 내에 그녀에게 그대로 전할 것이다.

기질 플러스 세미나 참석자들이 제출한 세미나에 대한 평가서는 언제나 혼자서 읽어 본다. 어떤 여자가 세미나 강사 중 한 사람에 대한 불만을 빈칸에 적어 놓았다. 다른 사람은 모두 그 강사에 대해 칭찬했으므로 나는 그 평가에 크게 신경쓰지 않았다.

그러나 아무래도 마음에 걸려 다른 일로 그녀를 불러 특별히 신경을 써서 그런 언급을 해 준데 대해 고맙다고 이야기했다. 그녀는 자기 불평에 대해 오히려 고맙다는 인사를 받자 어리둥절해 했으나 점차 대화를 나누던 중에 그때의 상황에 대해 바르게 이해하게 되었고, 그날 자기 기분이 우울했던 것 같다고 말했다. 부정적인 상황이라도 긍적적으로 접근한다면 얼마든지 좋은 결과를 얻을 수 있다.

세미나를 위해 달라스의 한 교회로 가던 차 속에서 주최측의 한 여성은 이렇게 토로했다.

"말씀드리기 송구스럽지만 오늘 저녁 사람들이 그렇게 많이 참석할 것 같지 않아요. 담임 목사님께는 이 행사에 대해 상의를 드렸는데 돌로레스와 의논해야 하는 줄은 몰랐어요. 그녀는 직분은 없지만 항상 교회를 좌지우지하려드는 여자예요. 수년 동안 여선교회의 모든 행사에 그녀가 비공식적으로 최종 결재권을 행사해 온 줄을 늦게서야 알았어요. 그녀는 내가 그녀의 위치를 몰라주자 기분이 나빠져서 여자 성도들을 불러모아 놓고 이 세미나에 참석하지 말라고 얘기했대요!"

나는 실망한 기색을 드러내지 않으려고 애쓰면서 아무리 적은 수가 참석해도 강연은 하리라 마음먹었다. 현관 복도에 들어서자 그녀는 나를 남겨 놓고 목사님을 찾으러 갔다. 나는 주위를 둘러보다가 본당 의자를 닦고 있는 한 여자를 발견했다. 그녀는 무늬 있는 홈드레스 위에 또 다른 무늬의 앞치마를 두르고 있었고, 스타킹은 발목까지 흘러내린 채 청소 도구로 가득 찬 바구니 위에 걸터앉아 있었다. 틀림없는 돌로레스였다. 나는 그녀의 뒤쪽 통로로 걸어가 "혹시 돌로레스 씨 아니세요?"라고 물었다. 그녀는 갑작스레 고개를 돌려 나를 올려다 보느라 그녀 허리띠에 있는 열쇠 꾸러미가 서로 부딪쳐 소리를 냈다. 현관 복도에 붙어 있는 세미나 홍보 포스터에 내 사진이 있었으므로 그녀가 나를 알아보겠거니 짐작했다.

"어떻게 아셨죠?" 그녀는 의심스러운 듯 물었다.

"나는 이 도시의 많은 교회에서 강연을 했는데 돌로레스 씨 당신처럼 성심을 다해 교회를 섬기는 사람이 한 사람씩은 꼭 있었어요!"

그녀는 얼굴 한구석에 희미한 웃음을 띠며 의자에 세척액을 또 뿌려대기 시작했다. 그녀에게 내 이름을 대고 바로 이 방에서 오늘 저녁 세미나를 가질 것이라고 말했다. 그리고 나를 위해 일부러 본당 의자를 닦아줘서 고맙다고 하면서 한 가지 부탁을 했다.

"저를 도와서 강의 내용 요약한 것을 미리 나눠 줄 책임자가 한 사람 필요해요. 저는 이 교회의 지도자되는 여자 성도가 누구인지 모르지만, 당신이라면 충분히 그럴 분이라고 생각되어 부탁드리는데, 저를 도와주실 수 없을런지요?"

그리고 그녀가 미처 거절할 틈을 주지 않고 그녀를 도와줄 몇 사람을 구해서 강의 시작 15분전에 같이 와달라고 부탁했다. 또다시 그녀의 부지런함에 찬사를 보내고 어깨를 가볍게 두드리며 나중에 보자고 했다.

돌로레스가 그날 오후, 남은 시간 동안 무엇을 했을 것 같은가? 그녀는 교인들에게 전화를 돌려 난생 처음 보는 가장 많은 수의 안내인 단을 조직했던 것이다.

인간 관계에 문제가 있다면 회피하거나 비탄에 빠지지 마라. 재빨리 그 상황에 뛰어들어 문제의 핵심이 무엇인지 파악하고 누구든지 대하는 사람마다 추켜세워 주고, 또 그 사람을 신뢰하고 있다는 것을 상대방이 알도록 하라.

까다로운 사람들도 마찬가지로 사랑에 갈급해 있다.

관심

데일 카네기는 "다른 사람들이 당신에게 관심을 갖도록 2년 간 노력하는 것보다 당신이 그들에게 두 달 동안 관심을 갖는 것이 훨씬 많은 친구를 사귈 수 있다"고 말했다.

그러나 오늘날 많은 성격 개발 프로그램들은 반대 방향의 원리들을 가르치고 있다. 즉, 남이 자기를 좋아하게 하기 위해서는 세상적으로 영리해야 하며 병약해 보일 정도로 늘씬해야 된다고 가르친다. 또 반짝이는 머리카락을 휘날려야 하고, 수 km 떨어져 있는 잘 생긴 남자들을 끌어모을 정도로 매력적인 향수를 뿌려야 된다고 한다. 강한 개성은 잠시 인기를 끌지 모르나 오랜 관계를 유지하는 데는 상대방이 잘 되길 진정으로 염려해 주는 것보다 좋은 방법이 없다.

세미나 강사인 나는 다른 사람의 필요를 채워 주는 일만 해왔기 때문에 청중들이 나 자신에 대해 관심을 가져준 일이 기억에 남는다. 수년 전, 아리조나주 투손에서 바바라 톰킨스(Barbara Tompkins)가 나에게 중보 기도해 줄 일이 없는지 물었다. 그녀는 내가 뇌성마비로 아들 둘을 잃었다는 것을 알고 있었고, 그래서 딸 로렌이 첫 손주를 임신했다는 소식을 듣고 내심 염려한다는 것을 눈치챘다. 내 아들들이 6개월이 될 때까지는 정상처럼 보였기 때문에 이 첫 손주가 정상적으로 태어난다 해도 안심할 수 없다는 것을 그녀는 알고 있었다. 그녀는 나를 따뜻하게 끌어안고 매주 수요일 점심 식사 모임에서 제니와 만날 때마다 함께 나를 위해 기도해 주겠다고 약속했다.

그로부터 1주일도 채 안 된 어느 날, 월낫 크릭에서 강의를 하고 있는데 회장인 오랠린 데니슨(Oralyn Denison)이 나를 위해 기도를 해야 할 것 같은 기분이 들었다면서 내가 갖고 있는 기도 제목이 무엇인지 물어왔다. 나는 똑같은 상황을 설명했고 그녀도 기도해 주겠다고 약속했다.

1978년 2월 27일, 제임스 랜들 브릭스(James Randall Briggs) 2세가 태어났다. 건강하고 정상적으로 보였으나 로렌과 나는 이 아이를 주의 깊게 지켜 보았다. 6개월하고도 1주일이 지난 다음 투손의 바바라로부터 편지를 받았다. 그녀는 약속대로 제니와 매주 수요일 점심 때마다 빠지지 않고 어린 손주 제임스를 위해서 기도하고 있다고 했다. 바바라에게서 편지를 받은 바로 그날 오랠린에게서도 전화가 왔다.

"당신이 이곳을 다녀간 후로 성경 공부 멤버들과 함께 매주 금요일 아침마다 당신 손자를 위해 기도하고 있어요. 지금쯤 6개월이 됐을텐데 건강한지 궁금해요!"

나를 진정으로 염려하여 바쁜 중에도 시간을 내어 기도해 준 이 두 여인 바바라와 오랠린을 결코 잊을 수 없다. 나는 그녀들의 머리카락이 반짝이는지, 체격이 늘씬한지, 매력적인 향수를 쓰는지에는 관심이 없다. 단지 그녀들이 나에게 관심을 가져준 것에만 관심을 가질 뿐이다.

바바라 부엘러(Barbara Bueler)가 캘리포니아주 남부를 휩쓴 대화재로 집과 가산을 몽땅 잃었을 때, 대부분의 친구들은 말로만 걱정을 했다. 지역 주민들은 큰 가방 세 개 가득 헌 옷가지를 담아 바바라에게 전해 주었다. 그런데 가방을 열어보니 단추가 떨어졌거나, 낡아 입지 못하거나, 지퍼가 터져 있거나, 구멍이 뚫려 있는 옷들이 수두룩했다. 유행이 완전히 지난 것과 도저히 입지 못할 미니스커트도 나왔다. 사람들은 겉으로는 선한 척하면서 세금 감면 영수증이나 챙기고 자기들에게 필요 없는 것으로 생색을 낸 것이지 진정 가슴에서 우러나온 선물을 준 것은 아니었다.

남에게 진정한 관심을 쏟는 것은 쉬운 일이 아니다. "내 일만 해도 바쁜데"라고 말할 뿐 남의 일에 끼어들려 하지 않는 것이 사실이다.

그렇다고 해서 감정이 상하지 않고 쾌적하고 자유로운 삶을 살기 위해 주위의 무질서한 현실로부터 도피할 것인가? 아니면 상처받은 심령들과 함께 있으면서 그들의 고통을 함께 느낄 각오를 할 것인가? 남에게 관심을 갖는 삶의 태도는 쉽지도 않고 또 인기도 없지만 말이다.

딸 로렌이 쓴 「무얼 얘기해야 할지 모르겠어요」(I Dont Know What To Say)에 대한 반응을 조사하면서 여자들은 친구가 상처를 받았다는 것을 알아도 개입하려 하지 않는다는 것을 알게 됐다. 카드를 보내거나 돈을 기부하기도 하지만, 그 일에 직접 나서지 않는다는 것이다.

수년 동안 방송 설교를 해 오고 있는 할리우드장로교회의 로이드 존 오길비(Lloyed John Ogilvie) 목사는 시청자들에게 설교 때 참고할 수 있도록 그들이 가장 절실하게 필요한 것이 무엇인지 적어 보내 달라고 요청했다.

"인간적으로나 영적으로 당신에게 가장 시급한 것이 무엇입니까?" 그는 새 책 「영혼의 자유」(Freedom of the Spirit)에서 그가 받은 모든 답변 가운데 종이 되어 남을 더 섬기는 것이 가장 시급한 일이라고 대답한 사람은 한 사람도 없었다고 밝혔다. 인간적으로 볼 때는 그것이 그리 매력적인 목표는 아니지만, 그래도 우리는 세상과 구별돼야 하지 않는가? 신자라면 종의 형체를 가져 자기를 낮추시고 죽기까지 복종하신 예수 그리스도의 태도를 본받아야 되지 않는가(빌 2 : 8)?

다른 사람들과 잘 지내려면 외양에는 신경쓸 필요 없다. 그보다는 오히려 그들을 향해 진정한 관심을 보일 수 있도록 우리 내면을 갈고 닦아야 한다. 나는 잘 생긴 사람을 많이 만났으며, 세련되고, 매력 있고, 재치 있는 사람들에게 쉽게 매료되기도 한다.

그렇지만 내가 결코 잊지 못하는 사람들은 :

내 손자를 위해 쉬지 않고 기도해 준 바바라와 오랠린(Barbara and oralyn), 매달 수차례 격려의 말씀을 카드에 적어 보내 주는 루시 투래니언(Lucy Tulanian),

가장 힘들었을 때, 자기 집으로 데려가 내가 마음놓고 두 권 상당의 책을 집필할 수 있도록 배려해 준 마릴린 머리(Marilyn Murray), 내 모든 사회 활동에 다른 사람들보다 일찍 와서 마지막 설거지까지 도와준 진실된 종의 마음씨를 가진 키티 레이놀즈(Kitty Reynolds),

내가 아팠을 때 매일 문병을 오고, 여전도회에서 나를 보조해 주고, 15년 간이나 나의 가장 헌신적이고도 진실한 친구인 로나 파팅(Lorna Farthing),

　내가 병원 침대에 누워 도저히 일어날 수 없었을 때, 내 머리를 감겨준 로나 제이퍼(Rona Jaffe), 언제 돌아가실지 모르는 내 어머님께 매주 조그만 선물을 갖고 찾아와 주었고, 내가 외출 중일 때 내 대신 딸노릇을 해 준 베티 루 휘트모어(Betty Lou Whittemore), 남편 프레드가 파산 위기에 있음을 알고 "자세한 것은 알고 싶지 않네. 단지 당신을 위해 기도하고 있고 진정으로 염려하고 있다는 것만 알아 주게!"라며 격려해 준 모든 친구들.

　이들 모두가 나의 명예의 전당에 영원히 기념될 사람들이다. 그것은 그들의 외모나 매력 때문이 아니라 그들이 나를 진정으로 염려하고 있다는 것을 알기 때문이다. 그들의 행동은 말보다 훨씬 더 많은 것을 말해 주고 있다.

　나처럼 당신 인생의 어느 순간엔가 당신을 보살펴 주었거나, 진정으로 염려해 주었거나, 섬겨 주었던 사람들의 목록을 만들어 보라!

· 그들의 행동에서 어떤 공통점을 발견할 수 있는가?

· 그들의 태도에서는?

· 그리고 당신이 자신을 버리고 남을 보살펴 주었던 행동을 적어 보라.

· 당신이 돌봐 주겠다고 생각은 했지만 실제로 그렇게 하지 못했던

　사람은 없는가?

당신이 같이 지내기에 까다로운 사람들의 목록을 만들어 보라!

____

____

____

____

____

· 그들은 당신이 진정으로 그들을 염려하고 있다는 것을 알고 있는가?

· 최근 들어서 당신이 그들을 사랑한다고 말해 본 적이 있는가?

· 그들의 고통이 실제로 무엇 때문인지 알고 있는가?

· 그들이 자신의 문제를 자발적으로 당신과 이야기할 수 있도록

　자신의 시간을 허락한 적이 있는가?

· 그들에게 격려의 메시지나 카드, 선물을 준 적은 있는가?

　그들은 언제나 내적인 상처를 안고 있으면서도 화를 내거나 폐쇄적
인 방법으로 자기 방어를 하는 등 그것을 감추려 든다. 그러므로 표면

적으로 보이는 것만 가지고 그들을 판단해서는 안 된다. 무엇보다 필요한 것은 시간을 내서 진정한 관심을 보여 주는 것이다.

칭찬

TV 등에서 게임에 이겨 상을 타는 순간의 사람을 본 적이 있는가? 승자가 된 그는 말할 수 없는 흥분에 휩싸여 있다.

가족 대항 퀴즈 프로그램 사회자 리처드 도손(Richard Dawson)이 여성들에게 키스하는 것을 본 적이 있는가? 출연자들은 두 번 다시 그 사회자를 못 만날 줄 알면서도 그 순간만은 자연스럽게 그에게 호감을 갖게 된다. 그는 그런 식으로 출연자들을 편안하게 해 준다. 그가 모든 여성들에게 알랑거리는 것이 마음에 안 들긴 하지만 그에게서 우리는 한 가지 교훈을 배울 수 있다. 그가 키가 작고 평범한 여성에게 다가가 키스하며 아름답다고 칭찬을 해 주면 바로 그 순간 그녀가 정말로 아름답게 변모하게 된다. 마치 신데렐라를 변화시키는 요술 막대기처럼. 그 칭찬이 사실이든 아니든 그것은 문제가 되지 않는다. 그가 그녀에게 승자라고 선언하는 순간, 그녀는 참 승자가 되어버리는 것이다.

이길 수 있는 작은 확률만 있어도 사람들은 행동에 옮긴다. 각 여전도회에서는 기껏 동네 잔치에서 1등을 하려고 회장을 1년 내내 혹사시킨다.

회원들은 단지 5센트짜리 푸른 리본 상패를 타기 위해 오렌지 품평회에 무거운 꽃 장식품을 끌고 가고, 또 심사위원들이 구워낸 쿠키를 맛볼 동안 조마조마하게 평가를 기다리기도 한다.

여자들이 점심 식사 모임에서 행운상을 타려고 작은 추첨 번호표를 손에 꽉 쥐고 있는 모습을 본 적이 있는가? 이제 남은 상품이라고는 아무도 고르지 않은 "천덕꾸러기들"뿐인데도 말이다. 그래도 자기 번호가 불리면 환호성을 지르고 기쁨에 겹쳐 찌그러진 플라스틱 강아지가 들어 있는 선물 상자를 뜬다.

우리는 왜 그렇게 작은 일에 열심이며, 왜 그렇게 보잘것 없는 일들로 흥분하는가? 그것은 누구나 승자가 되고 싶어하고 그 날의 여왕이 되고 싶기 때문이다. "축하합니다. 당신이 최고입니다!"라는 소리를 듣고 싶은 것이다.

모든 사람이 승자가 되길 원하고, 다른 사람들과 좀더 사이좋게 지내길 원한다는 걸 안다면 해답은 명백하다. 상대방에게 승자가 된 기분을 느끼게 해 주면 우리는 그에게서 사랑을 받을 것이다.

유명한 철학자 윌리엄 제임스(William James)는 "인간 본성의 가장 심오한 구석에는 인정받기를 갈망하는 욕구가 있다."고 말했다.

오리건주 유진의 힐튼 호텔에서 계산하고 있을 때, 호텔 직원인 신(Sean)이 다가와 내 가방을 들어 주었다. 어디로 갈 예정이냐는 물음에 나는 "책을 쓸 수 있는 바닷가로 갈 것이다."라고 대답했다.

"쓸 책의 제목이 뭐예요?"

"까다로운 사람과 잘 지내는 법!"

"정말이에요? 그 책을 좀 많이 구할 수 있을까요?"

"신, 네가 생각하는 까다로운 사람은 어떤 사람이니?"

잠시 생각하더니 그는 "아무리 즐겁게 해 주려고 노력해도, 또 아무리 많은 것을 베풀어 줘도 감사할 줄 모르는 사람이요!"라고 대답했다.

낮은 자아 의식과 열등감에 가득 찬 사람은 결국에는 힘들고 까다로운 사람이 된다. 그들과 사귈 수 있는 방법은 그들을 비난하기보다는 칭찬을 하는 것이다.

내 딸 마리타가 대학교 기숙사로 떠나버리자 어린 프레드는 나에게 "누나가 없어서 이제 엄마와 지내기 힘들 것 같아. 엄마를 웃길 수 있는 사람이 가버렸잖아!"라고 말했다.

그 말을 듣고 나니 '프레드에게 엄마와 잘 지내기 위해서는 엄마를 웃겨야만 한다는 인식을 갖게 했구나!' 하는 후회가 들었다. 그에게 그렇지 않다고 한다고 해서 그 인식이 바뀔 것 같지 않아 그가 하는 가벼운 농담도 성의껏 들어주기로 했다. 마리타가 가고 난 후, 그는 말이 더 많아졌고, 나는 별로 웃기지 않은 얘기에도 일부러 웃어 주고 재미있어 했다. 그렇게 하자 우리 사이가 훨씬 부드럽고 편해 졌다.

아이들은 자신의 우스갯소리에 재미있어 해 주는 것만을 바라는 것은 아닐 것이다. 웃겼다는 것은 어떤 면에서는 자기가 이겼다는 것을 의미한다. 승자가 되고 싶어 하는 부분을 찾아서 그럴 수 있도록 해 주라!

당신의 남편은 어떤가? 얼마나 자주 칭찬을 해 주는가? 남편들은 밤 늦게 일을 마치고 오면 뭔가 상패를 받고 싶어한다. 하루 일과를 망쳤든, 직장에서 여자들에게 인기를 끌었든 간에 당신에게는 전혀 다른 것을 기대한다. 어느 경우든 당신이 자기를 승리자라고 인정해 주길 바라는 것이다.

시아버지의 경우는 어떠한가? 너무 근엄해서 "하나님도 우리 시아버지는 웃기지 못할 거야!"라고 생각하지는 않는가? 그를 칭찬할 수 있는 무언가를 찾는다는 것은 도전해 볼 만한 일이다. 그는 아마 당신의 칭찬에 겉으로는 아무 내색하지 않지만 돌아서서 자기 친구들에게는 "이봐! 내 며느리가 못된 구석만 있는 게 아니더라구!"라며 자랑할 것이다.

어머니의 경우는? 기질 플러스 세미나에서 한 여자가 자기 어머니에 대해 울면서 호소했다. 같이 살고 있는 어머니가 그녀가 하는 일마다 잘못됐다고 꼬투리를 잡는다는 것이다.

"지난 밤만 해도 그래요. 손님들이 와서 식사 대접을 했거든요. 모두들 맛있게 잘 먹었다고 인사를 하는데 어머니만은 '다음에 이걸 만들 때는 소금을 조금 적게 치고…' 그러지 뭐예요. 정말이지 때려 주고 싶도록 미웠어요!"

나는 "아무리 나쁜 경험이라도 좋은 여가 될 수 있다."는 원리를 인용해, 어머니가 마련해 주는 그 "좋은" 본보기들을 기억해 두었다 차후에 노인들을 대할 때, 활용해 보라고 제의했다. 그녀의 어머니에게 적용하라는 뜻은 아니었는데, 다음날 그녀는 어머니가 또 야단을 치자 오히려 고맙다는 말을 했다고 한다. 그녀의 어머니는 뭐가 고맙냐고 물었고 그녀는 앞으로 활용할 유익한 선례들을 만들어줘서 그렇다고 대답했다. 놀랍게도 어머니는 자기 말이 다른 사람들에게 전해 진다는 것에 기분이 우쭐해져 그날 저녁 마지막 무렵에 또 다시 신랄하게 빈정대 놓고는 깔깔 웃으면서 "또 좋은 본보기를 만들어줬군!"이라고 하더라는 것이다.

사람이란 비난받으면 받을수록 더더욱 자기를 인정받고 싶어한다.

당신은 교회 목사님께 어떻게 대하는가? 뛰어난 헬라어 지식과 말씀의 은사를 받고 신학교를 졸업했지만, 양떼들의 마음이 이방인처럼 완악해서 말씀이 먹혀 들지 않는다. 목사님 자신과, 사모, 아이들에 대한 비난만 들려오고, 진리의 말씀은 땅에 떨어져버린 것 같다. 목사님도 승리자가 되어야 한다. 무엇보다 창조적인 승리자가!

왜 10대 자살이 유행병처럼 번지고 있는가? 왜 텍사스 근교의 살기 좋은 곳으로 꼽히는 프라노에서 10대 자살률이 가장 높은가? 왜 고등학교에 다니는 내 아들 친구들이 둘씩이나 자살했는가? 바로 소망이 없기 때문이다!

투데이 쇼(Today Show)라는 TV 프로그램에서 10대 자살에 관한 연속 기획물을 방영한 적이 있다. 14세 예쁜 소녀가 자살하려 했던 동기를 이렇게 고백했다.

"아무도 날 사랑하지 않아요. 그리고 생활이 너무 무미건조해요!" 그 프로그램에 출연한 소녀의 어머니는 화장실에서 손목을 칼로 그어 피를 흘리고 있는 딸을 발견하기 전까지는 그 애가 자살하리라고는 상상도 못했다고 말했다.

정신의학자 스티븐 쉘로브(Steven Shelov)는 10대들은 애정과 관심을 갈망하고 있는데 부모들은 너무 바빠서 아이들의 원하는 바를 모르고 있다고 말했다. 이혼한 후에도 부모들은 선물을 사주거나 극진하게 보살펴 주려 하지만, 아이들에게 이혼이란 것 자체가 소속감과 안정감을 파괴하고 아무도 자기를 사랑하지 않는다는 느낌을 갖게 한다는 것이다. 그에 따르면 자살하거나 자살을 시도하는 아이들의 80%가 자기를 낳아준 부모와 함께 살지 않는 결손 가정의 아이들이라고 한다. 한쪽 부모 또는 계부, 계모와 사는 경우다. 이런 경우 혼자된 부모나, 새어머니, 새아버지가 아무리 잘해 줘도 10대들은 방치되고 사랑받지 못한다는 느낌을 가지며, 마치 자신을 실패자인 것처럼 생각한다.

아들 프레드가 고등학교 3학년 때의 일이다. 하루는 학교에서 돌아와서는 친구들과 자살에 대해 토론한 이야기를 했다.

"우리는 이제 겨우 18세예요. 징집되어 전쟁터에 끌려가 전사할지도 몰라요. 그럴 바에 지금 바로 끝내버리는 것이 낫지 않아요? 우리에게는 미래가 없잖아요?"

나는 "현재가 아무리 희망이 없어 보여도 크리스천들에게는 영원한 소망이 있다. 하나님께서는 성도 한 사람 한 사람의 인생에 대한 계획이 있기 때문에 우리 스스로 그의 계획에서 벗어나려는 것은 하나님께 반역하는 행위다."라고 설명하며 아들에게 친구가 자신의 인생 목표를 발견하고 비관적인 분위기에 휩쓸리지 않도록 도와주라고 했다.

상처받은 10대들은 어디에서나 볼 수 있다. 그 중에는 당신의 자녀들도 포함될 수 있다. 아니면 이웃의 자녀나, 당신의 손자들, 혹은 교회의 청소년들일 수도 있다. 어떤 아이가 고통 중에 있는지 알고 있는가? 그들을 격려해 주려고 노력하는가? 그들에게 소망을 줄 수 있는가?

까다로운 사람들은 자신을 실패자인 양 생각하지만 그들도 속으로는 진정한 승리자가 되고 싶어한다!

타협

타협이란 "서로 약속하고 맹세하며, 극단을 피해 공동의 합의에 이르는 것"을 의미한다. 세상적 권세는 상호 공존을 위해 타협한다. 경영자와 노동자는 원만한 회사 운영을 위해 상호 타협하며 합의점을 찾아낸다. 타협은 까다로운 사람과 사이좋게 지내는 데 효과적인 방법이다. 그러나 인간은 자기 마음대로 하고 싶어하는 욕구가 있기 때문에 타협하길 꺼려한다.

현재 당신과 껄끄러운 관계에 있는 사람을 생각해 보라. 그에게 과거에는 생각하지도 못했던 그런 양보할 만한 일이 있는가? 두 사람 사이를 가로막고 있는 장애를 뛰어넘어 먼저 상대방에게 다가갈 수 있는가? 물론 그 사람에게 그럴 자격이 없고, 당신 체면이 구겨지겠지만 우리 주님의 말씀을 기억해 보라.

"화평케 하는 자는 복이 있나니 저희가 하나님의 아들이라 일컬음을 받을 것임이요"(마 5 : 9).

내 딸 마리타가 13세였을 때, 홀치기 염색 티셔츠와 너덜너덜한 청바지가 한창 유행했었다. 대공황 시절에 옷 사 입을 돈 한 푼 없이 자란 나지만 그때에도 그렇게 초라하게 입지는 않았었다. 어느 날, 딸애가 집 앞 보도에서 흙과 돌로 새 청바지를 문지르고 있는 것을 보았다. 돈 주고 산 바지를 망치고 있는 것에 어안이 벙벙해 뛰어가 그러지 말라고 일렀다. 옷도 못 사 입을 정도로 비참했던 내 어린 시절을 이야기해 줘도 문지르는 것을 멈추지 않았다. 나는 말로 설득하는 것은 소용없겠다 싶어 왜 새 바지를 망가뜨리냐고 물어 보았다. 그 아이는 쳐다보지도 않고 "새 바지는 못 입고 다녀요!"라고 대답했다.

"왜 못 입어?"

"그냥 안 돼요. 그래서 낡은 것처럼 보이게 하려는 거예요!"

이런 엉터리가 있나. 새 옷을 망가뜨려 입는 것이 멋이라니?

나는 매일 아침 학교 가는 딸애를 쳐다보면서 "내 딸이 저렇게 초라하다니" 하고 한숨을 지었다. 파란 점과 줄무늬가 있는 아빠의 낡은 홀치기 염색 셔츠를 걸치고 나가는 모습이 꼭 청소부 같다고 생각했다. 또 청바지는 어찌나 내려 입었던지 심호흡이라도 하면 흘러내려 엉덩이가 보일 것 같았다. 저런 꼴로 어딜 간단 말인가? 바지통은 너무 꽉 끼고 빳빳해서 걷기도 힘든데다 돌로 문질러 너덜너덜해진 바지 단에 걸려 혹시 뒤로 넘어지지나 않을지.

어느 날, 하나님께서는 내게 "아침마다 네가 마리타에게 해 주는 말이 무엇인지 아느냐? '내 딸 모습이 겨우 저 모양이라니' 이지. 학교에서 친구들과 고리타분한 엄마들의 흉을 볼 때, 아마 네 딸도 매일 듣는 그 귀찮은 말을 늘어놓을 걸. 학교 친구들이 어떻게 하고 다니는지 본 적이 있느냐? 왜 한 번도 알아보려고 하지 않지?'라고 말씀해 주셨다.

그날 방과후에 딸애를 데리러 갔을 때, 다른 애들은 더 심하게 하고 다니는 것을 처음으로 알게 되었다. 집으로 오는 도중에 새 바지를 망가뜨리는 것에 대해 내가 너무 예민하게 반응했던 것 같다고 사과하며 한 가지 타협안을 제시했다. "이제부터 학교에 갈 때나 친구를 만날 때는 간섭 안 할 테니 너 입고 싶은 대로 입으려무나!"

"이제야 살 것 같네!"

"단, 엄마와 함께 교회나, 쇼핑하러 갈 때, 혹은 엄마 친구를 만나러갈 때는 말하지 않더라도 내가 바라는 스타일로 옷을 입어줄 수 있겠니?"

딸애는 한참 망설이는 것 같았다.

그래서 "그건 95%는 네 식이고, 5%만 내 식으로 해 주면 된다는 뜻이야. 어떻게 생각해?'라고 덧붙였다.

딸은 반짝거리는 눈으로 내 손을 잡고 흔들며 "좋아요. 엄마 뜻대로 할께요!"라고 대답했다.

그후로는 아침마다 기분 좋게 작별 인사를 했고, 옷차림에 대해선 더 이상 골머리를 썩지 않게 되었다. 또 나와 외출할 때는 소란을 떨지 않아도 딸애 스스로 알아서 적당한 옷을 골라 입었다. 서로에게 좋은 일 아닌가!

그 해가 다가기도 전에 마리타는 그 헐렁하고 보기 싫은 티셔츠를 예쁜 셔츠로 바꿔 입었고, 이듬해에는 여자답게 블라우스나 스웨터와 스커트를 입기 시작했다. 고등학교 3학년 때부터는 마치 모델처럼 맵시를 냈고 그후로 지금까지 변함이 없다. 현재 그 애는 다른 여자들에게 옷 잘 입는 법을 가르치고 있고 「아름다움의 명암: 색깔을 잘 맞추는 여성」(Shades of Beauty: The Color Coordinated Woman)이란 책도 썼다.

내가 계속 잔소리를 하고 그 애는 계속 반항했더라면 어떤 일이 벌어졌을까?

결혼 생활에 문제를 갖고 있는 대부분의 여자들은 남편이 무엇을 원하는지 알지만 그렇게 해 주기 싫다고 말한다.

"남편은 아이들이 학교 갔다 올 때쯤에는 내가 집에 있기를 바래요. 그렇지만 나는 그러지 않아도 된다고 생각해요. 아이들도 이젠 혼자 있을 만큼 다 컸고요!"

"그이는 내가 좀더 옷을 우아하게 입길 바래요. 그렇지만 난 편한 옷이 좋고, 그이도 그걸 알고 결혼했는데요, 뭐!"

"그이는 내가 교회에서 너무 시간을 많이 보낸다고 해요. 그건 그이의 믿음이 약하다는 증거 아니겠어요?"

이 주부들의 문제가 무엇인지는 쉽게 알 수 있다. 그러나 당신의 경우는 어떠한가?

프레드와 나는 남편과 아내의 전통적인 역할을 적절히 조정했고, 또 우리 앞에 엄연히 놓여 있는 주님의 사역을 각자의 은사대로 분담해

왔기 때문에 순탄한 부부 생활을 영위하고 있다. 이를 위해 서로 양보하며 타협했고 각자의 의견을 고집하기보다 항상 하나님의 뜻을 중심에 두어 왔다.

나는 "프레드가 집에 있는데 왜 내가 가족을 먹여 살리려고 밖에서 열심히 일해야 되지?"라고 말할 수 있었을 것이다.

프레드 또한 "마누라는 밖에서 온갖 생색을 다 내고 다니는데 나는 사무실 구석에 처박혀 서류 정리나 하다니…. 이 꼴이 뭐람!"이라고 생각할 수도 있다.

그러나 우리는 서로 보완하고 협조하기로 합의했다. 나의 재능은 말하는 것, 창조하는 것, 글 쓰는 것이다. 세세한 일이나, 비행기 스케줄 잡는 것, 수표책 잔고 확인하는 일 등에는 문외한이다.

대신 프레드는 관리나 서류 정리, 직원들을 감독하고, 예산을 관리하는 일을 좋아한다. 우리는 하루에 최소한 한 시간 정도 전화로 의논하고 서로 상대방이 대신 해 주는 일에 대해 고마워한다.

우리처럼 역할을 분담하는 것이 다른 부부에게도 똑같이 적용되는 것은 아니다. 그러나 우리는 서로 대화하고 타협할 수 있었다.

아이들이 자랄수록 허용해야 할 부분이 점점 많아진다. 바울은 "내가… 네게 마땅한 일로 명할 수 있으나 사랑을 인하여 도리어 간구하노니…"(몬 1 : 8-9)라고 말했다.

명령 대신 부탁하는 것은 담즙질 부모에게 힘든 일이다. 그들은 당장 자신들이 원하는 대로 따라주길 바라기 때문이다. 나는 막내 프레드가 자기 인생을 책임지고 스스로 결정할 수 있는 나이가 되었다는 것을 알면서도 이런 태도를 버리지 못했다. 최근 며칠 동안 집에서 쉴 수 있는 기회가 생겨 프레드의 빨래를 해 주었다. 스스로 잘하지만 나는 좀더 엄마다워지기로 작정했던 것이다. 빨래 건조기에서 마지막 열 장째 셔츠를 꺼내는데 차고 문이 열리더니 프레드의 차가 내 옆으로 들어왔다. 나는 가지런히 개놓은 셔츠를 가리키며 기쁘게 말했다.

"엄마가 무얼 해놓았는지 보렴!"

"고마워요, 엄마!"

그 아이는 집안으로 들어가려고 했다.

"프레드, 이걸 다 빨아놨으니 네 방으로 좀 들고 가려무나!"

어느 엄마라도 이것은 당연한 요구라고 인정할 것이다. 그런데 프레드는 "좀 있다가요. 지금은 뭔가 다른 생각을 하고 있거든요!"라고 대답하는 것이 아닌가! "뭔가 다른 생각이라니?"라고 말하고 싶었지만 속으로만 중얼거렸다. '네가 하고 싶은 일이라면 부탁할 필요도 없지. 내가 널 위해 세탁을 해 주었으면 셔츠를 네 방으로 가져가는 일쯤은 당연히 해 줘야 하지 않니?'라는 생각이 머리를 스쳤으나 감사하게도 꿀꺽 삼키고 대신 "좋아, 프레드. 언제든지 하고 싶을 때 하렴!"이라고 대답했다.

그가 집안으로 들어간 후에도 내가 양보할 수 있었다는 데 스스로 놀라 나는 그 자리에 한참 동안 서 있었다.

가만 생각해 보니 프레드가 언제 셔츠를 제 방에 갖고 가든 그건 전혀 문제가 되지 않았다. 사실 그가 차고에서 살면서 거기에 있는 옷을 언제 까지나 치우지 않는다고 해서 그게 세상 사는 데 무슨 지장이 있겠는가?

이 이야기를 한 세미나에서 했더니 여자들이 다가와서는 자신들은 아직도 결과가 그다지 중요하지 않는 자질구레한 일에도 아이들에게 고함지르기 일쑤라며 좋은 예를 들어주어 고맙다고 했다.

"나는 아들이 내가 바라는 대로 하지 않으면 언제나 화를 냅니다. 바로 어제도 '네가 하기 좋아하는 일이라면 하라고 시키지도 않아. 잔소리 말고 하라는 대로 해!' 하고 고함을 질렀어요. 당신에게 얘기를 듣기 전까진 그게 얼마나 나쁜 일인지 몰랐어요. 그러고 보면 우리 애가 나와 있기 싫어하는 것도 이상한 일이 아니네요!"

때때로 우리는 다른 사람이 자기 식대로 당장 해 주길 고집함으로써 불편한 사람들을 일부러 만들기도 한다.

양보하는 마음은 딱딱한 사람을 부드럽게 만든다.

선택

"다만", 바울은 말한다. "네 승락이 없이는 내가 아무것도 하기를 원치 아니하노니 … 자의로 되게 하려 함이로라"(몬 1 : 14).

까다로운 사람들은 무슨 일이든 자기 뜻대로만 하려 든다. 젖은 수건에 흰 곰팡이가 스며들듯 이런 사람들은 여전도회나 교회 일에 어김없이 설쳐댄다. 지도자가 하고자 하는 일에 반대만 일삼는다. 한창 부홍중인 빅브라운교회의 이 못말리는 사람들을 어떻게 대해야 할까?

첫째, 당신이 그들을 섬기려는 사람임을 알게 하라. 당신이 무슨 일이든지 공평하게 처리하며 당신 뜻보다 전체의 뜻을 우선시한다는 것을 강조하라. 그들은 거만한 지도자들에게 염증나 있기 때문에 당신의 그러한 태도를 쉽게 긍정할 것이다.

나는 언제나 찬성과 반대 의견을 똑같이 제시하고 나서 "선택은 여러분에게 달렸습니다."라고 말하며 회원들의 의사에 따라 일을 진행하려고 노력했다. 그리고 나서는 그 문제를 공개 토론에 부친다. 오랜 경험에 따르면, 대체로 토론에서 먼저 설득조로 의견을 개진한 쪽이 투표에 이기는 경향이 있다. 정말 관심이 있는 문제는 내 쪽 토론자가 먼저 의견을 발표할 수 있도록 사전에 조정한다. 그러면 상대쪽은 방어하는 입장이 되어버리는데 그러면 대개 우리 쪽 의견으로 결정난다. 회원들에게 선택을 맡겨도 얼마든지 원하는 방향으로 이끌 수 있다.

아이들은 어떻게 다루어야 하는가? 우리 아이들은 이미 다 커서 집에서 각자 할 일을 알아듣도록 설명해 준다. 요리하고, 청소하고, 애들과 함께 시간을 보내거나 보살피는 일은 남편이 도와준다. 각자에게 맡겨진 자질구레한 집안일을 규칙에 따라 하고, 취침·기상 시간, 용돈, 손님 초대, 휴가 등 상호 연관되는 문제는 가족 회의를 통해 결정한다. 가족 모두가 규칙을 정하는 데 참여하고 또 선택할 수 있다. 나는 각자가 일주일 동안 마쳐야 할 일들을 표로 만든다. 그러면 그들이 집 밖으로 나가기 전, 즉 토요일 전까지는 그 주어진 일들을 마쳐야 하는 것이다. 그리고 나서 그들이 언제 그 일을 하든 상관하지 않는다. 자기 시간을 어떻게 쪼개 쓸 것인가는 그들의 문제니까.

한번은 막내 프레드의 친구가 일주일 간 우리와 함께 지내려고 왔는데 그는 프레드에게 "네 엄마가 나를 좋아하는 것이 틀림없어. 너희 가족 주간 역할 분담표에 나를 올려 놓았거든!"이라고 말하는 것이었다.

아이들을 성숙하게 만드는 한 가지 방법은 그들이 자라갈수록 중요한 결정을 스스로 할 수 있게 기회를 제공하는 것이다. 프레드는 16세 때 자기 돈으로 오토바이를 사겠다고 선언했다. 이 책을 읽는 어느 엄마라도 그 일에 찬성하는 사람은 없을 것이다. 남편은 가족들의 의견을 묻기 위해 가족 회의를 소집했다.

가족들 : "비 오는 날엔 타면 안 돼!"

프레드 : "나는 비 오는 날 타는 것이 더 신나요!"

가족들 : "여자랑 데이트할 때는 자동차를 빌려라!"

프레드 : "나는 오토바이 타기 좋아하는 여자애하고만 데이트할 거야!" (이 얼마나 끔찍한 생각인가! 헬멧을 쓴 아마존 여전사 같은 애를 태우고 다니는 모습을 상상해 보라).

가족들 : 너는 오토바이 산 돈을 결코 돌려받지 못할 것이다.

프레드 : "그렇지만 오토바이는 언제라도 산 값 이상을 받고 팔 수 있어요!"

우리가 염려하는 바에 대해 의견을 밝힌 후, 그로 하여금 선택을 하도록 했다. 나는 우리의 기발한 생각이 그의 고집을 꺾을 수 있으리라고 기대했지만, 결국 그는 오토바이를 사기로 결정했다. 우리는 더 이상 잔소리하지 않고 그의 선택을 그대로 받아들였다.

가을이 되자 비가 오기 시작했다. 어느 날, 프레드는 "비 오는 날 이 걸 타는 건 정말 싫어!"라고 중얼거렸다.

여느 엄마처럼 나는 참지 못하고 "기억 안 나? 비 오는 날 타는 게 더 신난다고 얘기했잖아!"라고 말참견을 했다.

토요일 저녁 때는 또 "오늘 만나는 여자애는 내 오토바이를 타기 싫어해!"라고 얘기했다.

"왜 안 탄대? 너는 오토바이 타기 좋아하는 여자애하고만 데이트한다고 했잖니?"

"하지만 이 애는 달라요!"라고 말하는 걸 듣고 속으로 얼마나 기뻤는지!

드디어 어느 비 오는 토요일 저녁, 프레드는 대뜸 "좋아요, 엄마가 이겼어요!"라고 말하는 것이었다.

"프레드, 뭘 이겼다는 거냐?"

"오토바이에 싫증 났어요!"

"그래? 근데 뭐가 걱정이야? 언제든지 산 값 이상으로 팔 수 있다면서?"

"그럴려고 했는데 아무도 사려고 하질 않아요!"

프레드는 이 일을 통해 스스로 선택한 그 결정이 잘못됐다는 것을 배웠다. 두 번 다시 오토바이 이야기는 하지 않았다.

나는 지금 아이들에게 오토바이를 사 주라고 말하는 것이 아니다. 다만 최선의 결정이 아닐지라도 아이들이 결정하도록 해 주어야 할 때가 있다는 뜻이다. 그들에게 그 일의 옳고 그름을 분명하게 이야기해 주고 결정은 자신들이 하게 해야 한다.

나는 종종 중년의 남편이 오토바이를 사려고 해서 부인과 싸우는 것을 보았다. 어렸을 때 자기들의 선택이 묵살된 경험이 있기 때문에 지금에 와서 또 그런 어리석은 결정을 내리려는 것이다.

까다로운 사람들은 강제적인 데는 반항하지만 자의로 선택할 기회를 주면 대우받는다고 느끼기 때문에 긍정적인 반응을 보인다.

도전

「검은 구름을 벗겨버리고」(Blow Away the Black Clouds)란 책에서 나는 "목표가 없음 = 성취도 없음 = 절망"이라고 제시했다. 많은 사람이 미래가 안 보이고 소망이 없기 때문에 까다로워진다. 어디로 가는지에 대한 분명한 방향이 없기 때문에 어디에도 도착하지 못한다. 때로는 돈이 없어 새로운 일을 시도할 수 없다는 점이 그들을 더욱 좌절하게 한다.

나는 두 남자 형제들과 함께 가난한 어린 시절을 보냈다. 이를 지켜본 한 여자가 "아이들이 저렇게 밝은데 장래 희망이 없으니 딱도 하군!"이라고 말한 것을 기억한다. 그 당시 우리는 "좋아, 그 여자에게 본때를 보여 주자!"고 작정했다. 비록 그녀는 그럴 의도로 말한 것이 아니라고 해도 우리에게는 큰 도전이 되었다. 만약 그때 우리가 실망에 빠졌다면 어떻게 됐겠는가? 우리는 우리의 담즙질 성격이 불가능을 가능으로 바꿀 수 있음을 증명해 보이길 원했다.

부모님도 그런 우리를 격려해 주셨다. 비록 우린 부모님이 운영하시는 가계, 그것도 손님들이 보고 있는 앞에서 공부해야 할 정도였지만 그들은 오히려 우리를 도와 주었고, 우리의 결심을 계속 밀고 나가도록 해 주었다.

기질 플러스 세미나에는 여성들에게 뭔가 자기 인생에 의미 있는 일을 하도록 자극을 주는 프로그램이 있다. 요즘처럼 바쁜 세상에서는 여유가 없어 가치 있는 일을 할 수 없기 십상이다. 찰리 자비스(Charlie Jarvis)는 "우리는 잘 되기 위해 바쁘게 뛰지만, 뛰어나게 되기에는 시간이 없다."고 했다.

그 프로그램은 여성들에게 자기 삶을 잘 관리하고, 주위에서 일어나는 일에 잘 적응하며, 다른 사람들의 필요에 민감하고, 한 가지 일에만 집착하지 않도록 도전을 준다. 3일 간의 교육이 끝나면 많은 여성들이 "지금처럼 도전을 느껴보긴 처음이에요. 이제 내 인생은 이전과는 결코 같지 않을 거예요!"라고 말한다.

과거 몇 십년 간 노인들을 경시하고 젊은이들만 고무시켜온 사회적 분위기는 결과적으로 어느 한 쪽도 이롭게 하지 못했다. 나는 뒷전으로 밀려나 불평만 일삼는 나이 많고 까다로운 어머니와 함께 사는 여성들과 이야기를 나눴다. 가만히 뒷전에 앉아 인생의 내리막길만 보고 있으니 까다로워지지 않을 사람이 어디 있겠는가?

어떤 연령층이라도 도전이 필요하긴 마찬가지다. 노인들에게도 가치 있는 일을 할 수 있는 기회를 주면 그렇게 까다롭게 굴지 않을 것이다. 쥐들이 어떤 이유로 노쇠해지는가를 테스트한 결과를 읽은 적이 있다. 쥐를 두 그룹으로 나누어 서로 다른 우리에 넣고 똑같은 먹이와 환경을 마련해 주었다. 한 쪽에는 매일 새로운 장난감을 넣어 주고 다른 쪽에는 전혀 장난감을 넣어 주지 않은 결과, 신선한 자극을 받는 쥐들은 계속 민첩했지만 그렇지 않은 쥐들은 뇌의 활동이 정체되고 쇠약해 졌다.

어머니가 다니시는 매사추세츠주 웨스트필드에 있는 교회에서는 노인 성도들에게 특별한 사역을 했다. 한 교인이 주일마다 어머니를 교회에 태워다 주고 성도 교제가 끝날 때까지 기다렸다가 집까지 데려다 준다. 수요일에는 "선물 가게"라는 이름을 가진 노인회가 성탄절 바자회에서 팔 공예품을 만들기 위해 모인다. 지시 사항을 듣고서 재료를 받아가 각자 집에서 만든다. 바자회의 수익금은 성전 건축 헌금으로 충당된다. 어머니는 뭔가 가치 있는 일을 하고 있다는 자극을 받기 때문에 "선물 가게"일을 아주 좋아하신다.

또 한 달에 한 번씩 교회 저녁 식사 모임을 준비하는데 어머니는 하루 종일 감자 깎는 일을 하신다. 그 일에 긍지를 느끼는 어머니는 "황금 손을 가진 사람"이란 글자가 씌어 있는 감사패를 받기도 했다

10대의 청소년, 친구, 어머니, 문제가 있는 사람이 누구든 간에 그들의 삶에 활기를 불어넣어 줄 일거리를 주라!

목표가 없음 ＝ 성취도 없음 ＝ 절망

No Goal ＝ No Achievement ＝ Depression

확신

국민들의 "불신임" 투표 결과로 많은 정권들이 붕괴하는 경우를 종
종 보면서도 우리는 다른 사람을 향해 매일 "불신임" 투표를 하고 있
는 줄은 모른다.

남편에게 하는 핀잔

당신 또 실패했군요!

제발 그것 좀 고칠 수 없어요?

왜 그리 색깔 감각이 없어요?

당신 좀 웃을 수 없어요?

그밖에 수많은 불신임 투표들!

아이들에게 던지는 잔소리

한 번도 엄마를 도와주는 법이 없니?

네 방은 언제나 쓰레기더미 같아!

머리 스타일 좀 얌전하게 바꿀 수 없니?

놀라 자빠질 옷차림이구나!

그밖에 수많은 불신임 투표들!

교회나 일반 모임에서 하는 쓸 데 없는 불평

이 행사는 절대 제대로 안 될 거야!

우리가 한 일을 아무도 안 알아줘!

전년도 회장이 원래 신경 쇠약이 있었다면서!

우리 모두 그냥 그만둬버리지 뭐!

그밖에 수많은 불신임 투표들!

종업원들에게 하는 꾸중

변명은 소용 없어, 시키는 대로 해!

자네 개인적인 고민은 나한테 얘기하지마!

또 한 번 그러면 파면시켜 버릴 거야!

자네가 하지 못할 줄 미리 짐작했지!

그밖에 수많은 불신임 투표들!

세상은 다른 사람에게 불신임 투표를 하고 있는 사람들로 가득 차 있다. 그들은 가정이나 직장, 그리고 교회에서 함께 있는 모든 사람에 대해 판사 노릇을 하려든다.

우리는 어떻게 해야 그들과 달라질 수 있는가? 그러기 위해선 다른 사람들에게 신뢰를 주고, 자아 의식을 고취시키고, 또 그들의 능력을 끌어올려야 한다.

확신이란, 믿고 의지하고 안심하는 상태를 말한다.

"당신을 믿어요, 당신을 의지해요, 당신에게 안심하고 맡길 수 있어요!"

이 말들은 어떤가? 바울은 빌레몬에게 "나는 네가 순종함을 확신하므로 네게 썼노니 네가 나의 말보다 더 행할 줄을 아노라"(몬 1 : 21)고 하며 그를 믿었다.

서로 헐뜯기 바쁜 세상에서 우리 모두는 자신을 믿어주는 사람이 필요하다. 중년의 위기는 자기를 믿어주는 사람이 아무도 없다는 것이다. 심지어 자기 자신조차. 그래서 자신의 존재 가치를 스스로에게 증명해 보이고 싶어서 생각지도 못한 이상한 일에 말려들기도 한다.

남편 사업이 극도로 부진할 때, 그는 나에게 "당신이 믿어주기만 하면 나는 해낼 수 있어!"라고 말했다.

우리는 모두 누군가가 자기를 신뢰하고 있다는 것을 확인하고 싶어한다. 남을 신뢰한다는 것이 인간 관계 개선에 어떤 도움이 될 수 있는가?

이 책 앞부분에서 언급했듯이, 우리는 다른 사람들의 필요를 알아서 그것을 채워 줘야 한다. "나는 당신을 믿어요!"라고만 말해도 우리가 만나는 사람들의 기분을 좋게 해 줄 수 있다.

아들 프레드가 아장아장 걸을 때부터 나는 그에게 집안일을 하도록 훈련시켰다. 2세 때, 플라스틱 빨래 바구니를 이방 저방 끌고다니며 빨래감을 주워담게 했다. 물론 자주 쏟고 또 주워담고 했지만, 결국엔 세탁실까지 운반할 수 있었다. 흰 옷과 검은 옷을 구분할 수 있게 됐을 때, 나는 아들에게 손빨래해야 되는 것과 세탁기로 빨아야 하는 것을 구분하게 했다. 아들은 10대 때부터 자기 빨래는 자기가 했고 내가 이곳저곳 출장을 다니게 되자 집안 빨래까지 도맡아 했다.

아들은 내가 집을 비운 동안 집 안팎을 정돈했고, 여행에서 돌아왔을 땐 탁자 위 화분에 생기가 넘쳐 있다.

아들이 이런 일을 잘하게 된 이유는 무엇인가? 살림 솜씨를 은사로 받았기 때문인가? 아니다. 그것은 오랫동안 내가 아들에게 "넌 할 수 있어!"라고 이야기해 주었고, 또 실제로 그 일을 해냈을 때는 칭찬해 주었기 때문이다. 세미나 때문에 출장을 갈 때면 "프레드, 세미나에서 네 이야기를 할 거야. 내가 너를 믿고 있다고 그들에게 자랑할 거야!"라고 말하곤 했다.

아들은 겉으로는 한마디도 안 하지만 속으로는 내가 부탁한 것 이상을 자신이 해낼 것임을 믿고 있다는 것을 잘 알고 있었다.

하나님이 훌륭한 여자들을 내 CLASS협회의 직원으로 보내 주셨을 때, 나는 그들에게 남들을 지도하는 데 뛰어난 재능을 가지고 있으며 역할을 잘 감당할 줄로 확신한다고 말했다. 개인적으로 다들 유능해서 나는 각자가 서로 다른 메시지를 준비하여 강의하도록 했다. 나는 단지 그들이 강의할 내용에 대해 조언만 해 주고 그들이 자신의 의견을 개진할 동안에는 열심히 들어 준다. 듣는 동안에는 절대 중단시키거나 휴식 시간을 갖지 않으며 말 한마디 한마디 놓치지 않고 듣는다. 보통 일어서서 듣는데 그 이유는 서서 그녀들 쪽으로 몸을 기울이면 조금더 가까이서 듣는 것 같은 기분을 주기 때문이다.

그래서 그들은 내가 그들 인생의 모든 부분에 관심을 쏟으며 그들이 하고 있는 일과 그들 자신에 대해 신뢰하고 있다는 것을 알게 된다.

내가 더 이상 CLASS협회를 이끌어갈 수 없는 경우가 생긴다 하더라도 직원들이 계속해서 그 일을 잘 감당해내리라고 믿는다. 또 그들이 실제로 내가 했던 것 이상으로 잘하리라 확신한다.

사람은 신뢰받기를 원한다. 확신을 심어 주기만 하면 자기 스스로 가능하리라고 예측했던 것보다 훨씬 많은 것을 성취할 수 있다.

대학교 4학년 때의 일이다. 아버지는 돌아가시기 한 주 전에 나를 외딴 곳으로 데리고 가시더니 집안 식구 모르게 집필해 왔던 신문과 잡지 기사를 오려서 모아놓은 상자를 보여 주셨다. 나는 놀라서 왜 미리 안 보여 줬느냐고 물었더니 아버지는 "네 엄마가 대학도 안 다닌 주제에 글은 무슨 글을 쓰느냐고 기를 죽여서 네 엄마 몰래 살짝 쓴 거란다. 아직도 네 엄마는 몰라!"라고 대답하셨다.

어머니는 의도적으로 아버지의 기를 죽이려고 했던 것은 아니고 단지 납득이 안 간다는 식으로 얘기했을 것이다. 고등 교육을 받지 않고 어떻게 잡지나 신문에 기고할 수 있겠는가?

다혈·담즙질의 아버지는 기질 덕분에 기죽는 일은 없었지만 말 아래에 등불을 숨겨 놓았던 것이다. 또 아버지는 「어드밴스」(Advance)란 전문 잡지에 원고를 보냈는데 채택되지 않았다며 "이번에는 너무 과분한 데에다 투고했나 봐!"라고 말했다. 아버지가 글 쓰는 데 취미가 있고, 「어드밴스」에 투고하셨다는 말을 듣고 나는 얼마나 감동했는지. 며칠 후, 아버지는 보스톤 지하철 역에서 사고로 돌아가셨는데, 장례식 날 발간된 「어드밴스」에는 아버지의 글이 실려 있었다. 아버지가 나에게 믿음을 주지 않았더라면 아마 나는 그 잡지를 펼쳐보지도 않았을 것이다.

그 기사를 아버지의 사진과 함께 액자에 넣어 서재에 걸어두었는데 그것을 볼 때마다 어느 한 사람만이라도 아버지의 능력에 신뢰를 표했다면 아버지는 얼마든지 작가로 성공했을 것이라는 생각이 든다.

우리는 지금 서로를 깎아내리는 사람들로 가득 찬 실망스런 세상에 살고 있다. 이럴 때, "나는 당신을 믿습니다!"라는 말 한마디가 얼마나 세상을 밝게 하는 빛이 되겠는가!

결론

바울은 까다로운 인간 관계의 문제를 다룰 때, 먼저 인사로 시작해서 진정한 관심을 보이고 칭찬을 했다. 그리고 곧바로 타협안을 제시하는 것으로 갈등을 설명했다. "사랑을 인하여 도리어 간구하노니"라고 하면서 빌레몬에게 선택하게 하고, 또 그의 인간적인 생각을 뛰어넘어 오네시모를 "저를 영접하기를 내게 하듯 하라"고 권유했다. 그리고 "나는 네가 순종함을 확신하노라"고 하며 빌레몬의 선택을 확신했다.

결론적으로 빌레몬은 부정적 상황에 긍정적으로 반응했다. 그는 그

도전에 분발하여 바울이 자기에게 보여준 신뢰에 보답하는 쪽을 선택했다. 이 타협안 때문에 바울과 빌레몬은 여전히 친구로 남을 수 있었고, 오네시모는 자기를 하나님의 종으로 온전히 헌신하도록 도전을 준 진정한 사랑과 용서를 맛볼 수 있었다.

당신의 결론은 무엇인가? 다른 사람들과 사이좋게 지내기 위해 노력하겠는가? 그들이 당신을 시험에 들게 하는 사람들일지라도?

자신의 이익보다 남의 이익을 먼저 생각해 주는 것은 결코 쉬운 일이 아니다. 저마다 다른 사람이 나를 믿어주기만을 갈망하므로 타인의 필요를 찾아 충족시켜 준다는 것은 본성적으로 내키지 않는 일이다. 노력할 가치가 있는 일을 할 것인지 아니면 단지 하고 싶은 일을 할지는 스스로 결정할 문제다.

우리 자신들 스스로에게 물어보라 :

점수를 얻고 승리자가 되는 것이 자신에게 얼마나 중요한 일인가?

왜 나는 이 일에 다른 사람의 동의를 필요로 하는가?

정말 이것이 문제인가?

나는 어렸을 때부터 어머니의 칭찬을 받으려고 무진 애썼던 것으로 기억한다. 나는 하는 일마다 잘했지만 운동, 미술, 음악에는 재능이 없어 아예 시도해 보지도 않았다. 머리로는 운동 규칙, 미술 이론, 오르간 건반 등을 외울 수 있었지만 좀체 몸이 따라주지 않았다.

바이올린과 첼로 선생이었던 어머니는 심지어 바이올린 활도 제대로 잡지 못하는 내 모습에 실망했고, 나는 대신 내가 할 수 있는 분야에서 뛰어나기로 작정했다. 학교 성적을 우수하게 받으면 어머니가 칭찬해 주겠지 하고 기대했던 것이다.

언젠가 페기의 어머니가 우리 집에 와서 페기에 대한 허풍을 늘어 놓고 간 적이 있다. 나는 어머니에게 내가 학교에서 얼마나 우수한가를 왜 다른 사람들에게 이야기하지 않느냐고 물었더니 어머니는 "언제 자랑한 것을 취소해야 할 날이 올지 아무도 모른단다."라고 대답했다.

일생 동안 어머니의 칭찬을 들으려고 애썼지만, 어머니는 결코 부정적인 사람이 아니면서도 항상 중립적이었다. 지난 해 어느 날도 어머니를 방문했다가 완전히 기분만 망치고 돌아왔다. 나는 유럽 여행, 멕시코에서 열리는 기도회, 알래스카 유람선 세미나 계획이 포함된 신나는 일정을 보여줬으나 어머니는 고작 "다른 사람들은 네 계획에 그리 관심도 없는데 너 혼자 들떠 야단이구나!"라는 반응을 보였다.

나는 낙심해서 남편에게 그 이야기를 했다. 남편은 나를 쳐다보며 "당신은 언제쯤 커서 어머니 동의 없이도 일을 할 수 있겠소?"라고 말했다. 그 말은 내게 충격이었다. 나는 이미 성인이 됐고 내가 이룬 성공은 이미 어머니의 승락 없이 된 것 아닌가?

프레드는 "어머님 연세가 어떻게 되시지?"라고 덧붙였다.

"여든다섯이오!"

"그분이 이때까지 한 번이라도 칭찬한 적이 있소?"

"아뇨."

"그럼 이제부터는 칭찬해 주실 거라고 생각했나? 이때까지 당신이 한 일에 대해 한 번도 흥분한 적이 없는데 어째서 지금은 바뀔 것이라고 기대했지? 어머니에게 감동을 주려는 노력을 중단하고 어머니를 그냥 있는 그대로 사랑해 보오. 그게 당신이 남들에게 가르치는 것 아니오?"

나는 남편의 분석이 너무 예리하고 영적이라 당장 남편의 제안대로 따르겠다고 말하고 싶었지만 일단 한 번 더 생각해 보기로 했다. 그러나 생각하면 할수록 남편이 옳다는 것이 더욱 분명해 졌다. 어머니는 여간해서는 흥분하거나 공치사를 하지 않는 점액질 기질이다. 나는 부분적으로 내가 한 일에 인정받고 박수받고 싶어하는 다혈질 기질이 있다. 기질 특성 전문가인 내가 성격상 도저히 되지도 않는 일을 애타게 바라고 있다니 이 얼마나 어린애 같은 일인가! 나 역시 남에게 부담스러운 사람이긴 마찬가지였다.

이 엄연한 현실에 직면한 나는 사람들과 사이좋게 지내기 위한 가장 기본적인 원리를 다시 한번 확인했다.

**자기가 필요로 하는 것을 남에게 채워 달라고 요구하지 말고
다른 사람들이 필요로 하는 것을 채워 줘야 한다는 것이다.**

내가 어머니에게 그렇게 했던가? 그렇지 못했음을 깨닫고는 뭔가를 베풀고 싶은 마음이 솟아났다.

스스로에게 진지하게 물어보았다.

"점점 나이 들어가는 어머니는 지금 무엇을 필요로 하실까?"

어머니는 아직도 자기가 중요한 존재임을 인정받길 원하고 그 큰 노인 휴양소에 내팽개쳐져 있다는 기분을 느끼고 싶지 않을 것이다. 나의 신나는 여행 이야기가 어머니에게 어떤 기분을 들게 했을까? 아마 틀림없이 자신이 늙고 보잘것 없는 인생인 것처럼 느껴졌을 것이다. 내 얘기는 어머니에게 아무런 도움이 되지 않았을 뿐더러, 오히려 신나고 모험적인 나의 생활에 비해 어머니의 인생이 더욱 지루하고 정체돼 있는 듯한 느낌을 갖게 했을 것이다. 지금까지 내가 어머니께 했던 행동들은 잘못이었다. 어머니의 자존심을 세워 줬어야 하는데, 오히려 어린 소녀처럼 칭찬받기만 바라고 있었으니!

내 말을 그만두고 어머니의 이야기를 들어주기 시작하자 어머니에 대한 존경심이 되살아났다. 어느 날, 어머니는 "내 인생은 참 힘들었던 것 같아. 그렇다고 산전수전 다 겪고 인생을 완전히 달관했다는 뜻은 아니야!"라고 말씀하셨다.

또 한번은 노인 휴양소에서 살고 있는 기분이 어떠냐고 물었더니 웃으며 "여기 사람들은 나를 식탁의 상좌에 앉혀 준단다. 그리고 여기에서 팔걸이 있는 의자를 가진 사람은 나밖에 없어!"라고 대답하셨다.

이 얼마나 노후 생활에 대한 아름답고도 간단한 표현인가! 마침내 제일 높은 자리를 차지하고 팔걸이가 있는 의자에 앉지 않았는가!

나는 내가 차지한 의자의 크기를 보고 어머니가 칭찬해 주길 그렇게 원했지만 정작 어머니는 누군가가 자기를 제일 좋은 의자에 앉혀 주길 바라셨던 것이다.

남편이 나에게 언제쯤 커서 **"어머니가 해 줄 수 없는 것을 바라는 대신 어머니가 항상 원해 왔던 것을 해 줄 수 있겠느냐?"**고 물어준 것을 감사한다.

나는 점액질의 수동적인 어머니의 성격을 인정하기 시작했다. 그녀는 여간해서 흥분하지 않았지만, 자기 처지에 대해 불평하지도 않았다. 암 때문에 체중이 60kg에서 42kg로 준 어머니와 보냈던 마지막 저녁에 "아무 고통이 없어서 얼마나 감사한지 몰라. 이 병원에는 견딜 수 없는 통증에 시달리는 할머니도 많고, 다리를 절거나 걷지 못하는 사람도 많아. 그렇지만 나는 조금 피곤할 뿐이거든…"이라고 말했다. 다음날 내 친구 로렌이 어머니가 3년 간 살았던 방으로 다시 모시고 돌아왔다. 로렌은 그녀를 씻기고 머리 손질까지 해 주었다. 어머니는 창문가에 있는 장미 넝쿨 맨 위에서 한 송이를 꺾어 들기도 하고, 방 안에 앉아 문병온 증손자들과 함께 놀기도 했다.

노인 휴양소로 되돌아온 날 밤, 어머니는 매사추세츠주에 사는 작은 이모 진에게는 전화를 걸어 "다 끝난 것 같아. 그렇지만 아주 기분이 좋아. 단지 조금 힘이 없을 뿐이야!"라고 말했다. 아들이 크리스마스 선물로 사줘서 아끼느라 여태 한 번도 입지 않던 잠옷을 꺼내 입고 잠들어서는 영영 깨어나시지 않았다.

장례식에서 두 남동생들과 나는 우리를 잘 보살펴 준 어머니의 따뜻하고도 부드러운 마음씨에 대해 이야기를 나눴다. 나는 비로소 "어머니가 원했던 것은 테이블 상석에 앉아 팔걸이 달린 의자를 차지하는 것이었어. 이제 어머니는 틀림없이 하나님 우편에서 그분이 주신 팔걸이 의자에 앉아 계실 거라고 믿어!"라고 말할 수 있었다.

당신 자신에게 물어 보라. 당신은 다른 사람들과의 관계 속에서 상대방이 당신이 원하는 것을 채워 주고 인정해 주길 바라지 않는가? 만약 그렇다면 당신은 결코 행복해질 수 없다. 다른 사람들과 사이좋게 지내길 원한다면 우리 자신들 스스로에게 물어 보라.

그들은 과연 무엇을 바라는가?,

어떻게 하면 그것을 해 줄 수 있는가?

나는 어머니가 내게 줄 수 없는 것을 바라는 대신 그녀가 바라는 것을 해 주어야 한다는 것을 알기까지 너무 오랜 시간이 걸렸다.

지체하다 보면 너무 늦어진다. 다른 사람이 원하는 것을 찾아내 그대로 해 주라. 그것은 식탁 상석의 팔걸이 달린 의자처럼 아주 간단한 것일 수 있다. 그렇지만 당신이 그것을 해 주었을 때 상대방은 당신을 전혀 새로운 시각으로 쳐다볼 것이다. 상대방이 천국에 가서야 그 상석의 팔걸이 달린 의자에 앉도록 하지는 말라.

그들의 필요를 오늘 당장 채워 주라!

특별 부록

기질 특성 프로필

기질 특성 접수표

Addenda

기질 특성 프로필

강점들(Strengths)

1.	☐ 모험적이다	☐ 융통성이 있다	☐ 활기차다	☐ 분석적이다
2.	☐ 끈질기다	☐ 쾌활하다	☐ 설득력이 있다	☐ 온화하다
3.	☐ 복종적이다	☐ 자기 희생적이다	☐ 사회적이다	☐ 의지가 강하다
4.	☐ 사려 깊다	☐ 조심스럽다	☐ 경쟁적이다	☐ 설득력이 있다
5.	☐ 산뜻하다	☐ 정중하다	☐ 말 수가 적다	☐ 재치 있다

6.	☐ 만족할 줄 안다	☐ 민감하다	☐ 독립심이 강하다	☐ 영적이다
7.	☐ 계획을 잘 세운다	☐ 인내심이 많다	☐ 긍정적이다	☐ 추진력이 있다
8.	☐ 신뢰할 수 있다	☐ 자발적이다	☐ 계획대로 행동한다	☐ 수줍어한다
9.	☐ 질서정연하다	☐ 남을 잘 돌보아준다	☐ 솔직하게 말한다	☐ 낙천적이다
10.	☐ 우호적이다	☐ 신실하다	☐ 재미있다	☐ 힘차다

11.	☐ 대담하다	☐ 유쾌하다	☐ 외교적 수완이 있다	☐ 꼼꼼하다
12.	☐ 명랑하다	☐ 언행이 일치한다	☐ 교양 있다	☐ 자신감이 있다
13.	☐ 이상주의적이다	☐ 독립적이다	☐ 악의가 없다	☐ 영감을 준다
14.	☐ 민주적이다	☐ 단호하다	☐ 꾸밈이 없다	☐ 생각이 깊다
15.	☐ 중재자적이다	☐ 음악적이다	☐ 행동적이다	☐ 쉽게 어울린다

16.	☐ 사려 깊다	☐ 집요하다	☐ 말을 잘 한다	☐ 관대하다
17.	☐ 남의 말을 잘 들어 준다	☐ 충성스럽다	☐ 지도자다	☐ 생기 있다
18.	☐ 만족할 줄 안다	☐ 최고다	☐ 계획을 잘 세운다	☐ 빈틈없다
19.	☐ 완벽주의자다	☐ 상냥하다	☐ 생산적이다	☐ 인기 있다
20.	☐ 활기 차다	☐ 대담하다	☐ 얌전하다	☐ 균형이 잡혀 있다

약점들(Weaknesses)

21.	☐ 멍하다	☐ 부끄러워한다	☐ 뻔뻔스럽다	☐ 으스댄다
22.	☐ 규율이 없다	☐ 동정심이 없다	☐ 열정이 없다	☐ 용서하지 않는다
23.	☐ 말 수가 적다	☐ 화를 잘 낸다	☐ 반항적이다	☐ 반복적이다
24.	☐ 까다롭다	☐ 두려움이 많다	☐ 건망증이 있다	☐ 솔직하다
25.	☐ 인내심이 없다	☐ 불안정하다	☐ 우유부단하다	☐ 남의 말을 가로막는다

26.	☐ 인기가 없다	☐ 산만하다	☐ 예측할 수 없다	☐ 비정하다
27.	☐ 완고하다	☐ 함부로 행동한다	☐ 기쁘게 해 주기 어렵다	☐ 망설인다
28.	☐ 평범하다	☐ 염세적이다	☐ 교만하다	☐ 자유방임적이다
29.	☐ 쉽게 화를 낸다	☐ 목적이 없다	☐ 논쟁적이다	☐ 이간질을 한다
30.	☐ 천진하다	☐ 부정적인 자세이다	☐ 뻔뻔스럽다	☐ 무관심하다

31.	☐ 걱정이 많다	☐ 뒤로 물러난다	☐ 일 벌레다	☐ 신용이 없다
32.	☐ 너무 민감하다	☐ 무뚝뚝하다	☐ 소심하다	☐ 말이 많다
33.	☐ 의심이 많다	☐ 무질서하다	☐ 거만하다	☐ 우울하다
34.	☐ 주관이 없다	☐ 내성적이다	☐ 옹졸하다	☐ 무관심하다
35.	☐ 지저분하다	☐ 시무룩하다	☐ 우물거린다	☐ 속임수를 쓴다

36.	☐ 느리다	☐ 완고하다	☐ 과시적이다	☐ 의심이 많다
37.	☐ 외롭다	☐ 군림한다	☐ 게으르다	☐ 목소리가 크다
38.	☐ 둔하다	☐ 의심이 많다	☐ 성질이 급하다	☐ 침착하지 못하다
39.	☐ 복수심에 불탄다	☐ 들떠 있다	☐ 마지못해 한다	☐ 무분별하다
40.	☐ 타협적이다	☐ 비판적이다	☐ 교활하다	☐ 변덕스럽다

★ 여기서 ✔표 한 단어들을 기질 특성 점수표에 옮겨 적어라.

:: 기질 특성 점수표 ::

기질 특성 프로필에서 ✔표를 한 단어와 일치하는 단어를 찾아 ✔표를 하라.
✔표 하나에 1점씩 계산해서 중간 합계를 내라.

강점들(Strengths)

	다혈질 인기가 있다	담즙질 파워가 있다	우울질 완벽하다	점액질 온화하다
1.	☐ 활기차다	☐ 모험적이다	☐ 분석적이다	☐ 융통성이 있다
2.	☐ 쾌활하다	☐ 설득력이 있다	☐ 끈질기다	☐ 온화하다
3.	☐ 사회적이다	☐ 의지가 강하다	☐ 자기 희생적이다	☐ 복종적이다
4.	☐ 설득력이 있다	☐ 경쟁적이다	☐ 사려 깊다	☐ 조심스럽다
5.	☐ 산뜻하다	☐ 재치 있다	☐ 정중하다	☐ 말수가 적다
6.	☐ 영적이다	☐ 독립심이 강하다	☐ 민감하다	☐ 만족할 줄 안다
7.	☐ 추진력이 있다	☐ 긍정적이다	☐ 계획을 잘 세운다	☐ 인내심이 많다
8.	☐ 자발적이다	☐ 신뢰할 수 있다	☐ 계획대로 행동한다	☐ 수줍어한다
9.	☐ 낙천적이다	☐ 솔직하게 말한다	☐ 질서정연하다	☐ 남을 잘 돌보아 준다
10.	☐ 재미있다	☐ 힘차다	☐ 신실하다	☐ 우호적이다
11.	☐ 유쾌하다	☐ 대담하다	☐ 꼼꼼하다	☐ 외교적 수완이 있다
12.	☐ 명랑하다	☐ 자신감이 있다	☐ 교양 있다	☐ 언행이 일치한다
13.	☐ 영감을 준다	☐ 독립적이다	☐ 이상주의적이다	☐ 악의가 없다
14.	☐ 민주적이다	☐ 단호하다	☐ 생각이 깊다	☐ 꾸밈이 없다
15.	☐ 쉽게 어울린다	☐ 행동적이다	☐ 음악적이다	☐ 중재자적이다
16.	☐ 말을 잘 한다	☐ 집요하다	☐ 사려 깊다	☐ 관대하다
17.	☐ 생기 있다	☐ 지도자다	☐ 충성스럽다	☐ 남의 말을 잘 들어 준다
18.	☐ 빈틈없다	☐ 최고다	☐ 계획을 잘 세운다	☐ 만족할 줄 안다
19.	☐ 인기 있다	☐ 생산적이다	☐ 완벽주의자다	☐ 상냥하다
20.	☐ 활기 차다	☐ 대담하다	☐ 얌전하다	☐ 균형이 잡혀 있다

★ 강점들 중간 합계

__________   __________   __________   __________

21.	☐ 뻔뻔스럽다	☐ 으스댄다	☐ 부끄러워한다	☐ 멍하다
22.	☐ 규율이 없다	☐ 동정심이 없다	☐ 용서하지 않는다	☐ 열정이 없다
23.	☐ 반복적이다	☐ 반항적이다	☐ 화를 잘 낸다	☐ 말 수가 적다
24.	☐ 건망증이 있다	☐ 솔직하다	☐ 까다롭다	☐ 두려움이 많다
25.	☐ 남의 말을 가로막는다	☐ 인내심이 없다	☐ 불안정하다	☐ 우유부단하다

26.	☐ 예측할 수 없다	☐ 비정하다	☐ 인기가 없다	☐ 산만하다
27.	☐ 함부로 행동한다	☐ 완고하다	☐ 기쁘게 해 주기 어렵다	☐ 망설인다
28.	☐ 자유방임적이다	☐ 교만하다	☐ 염세적이다	☐ 평범하다
29.	☐ 쉽게 화를 낸다	☐ 논쟁적이다	☐ 이간질을 한다	☐ 목적이 없다
30.	☐ 천진하다	☐ 뻔뻔스럽다	☐ 부정적인 자세이다	☐ 무관심하다

31.	☐ 신용이 없다	☐ 일 벌레다	☐ 뒤로 물러난다	☐ 걱정이 많다
32.	☐ 말이 많다	☐ 무뚝뚝하다	☐ 너무 민감하다	☐ 소심하다
33.	☐ 무질서하다	☐ 거만하다	☐ 우울하다	☐ 의심이 많다
34.	☐ 주견이 없다	☐ 옹졸하다	☐ 내성적이다	☐ 무관심하다
35.	☐ 지저분하다	☐ 속임수를 쓴다	☐ 시무룩하다	☐ 우물거린다

36.	☐ 과시적이다	☐ 완고하다	☐ 의심이 많다	☐ 느리다
37.	☐ 목소리가 크다	☐ 군림한다	☐ 외롭다	☐ 게으르다
38.	☐ 침착하지 못하다	☐ 성질이 급하다	☐ 의심이 많다	☐ 둔하다
39.	☐ 들떠 있다	☐ 무분별하다	☐ 복수심에 불탄다	☐ 마지못해 한다
40.	☐ 변덕스럽다	☐ 교활하다	☐ 비판적이다	☐ 타협적이다

★ 약점들 중간 합계

___________   ___________   ___________   ___________

★ 총합계

___________   ___________   ___________   ___________

◎ 다음의 도표는 4가지 기질들이 친구들과의 관계나 직장에서
어떤 강점들과 약점들을 드러내는지를 보여 주고 있다.

[도표1]

강점들(Strengths)

4가지 기질들의 강점들

다혈질 - 인기가 있다

감정
매력적인 성격이다 / 말이 많다
표현을 잘한다 / 파티의 주인공이다
유머감각이 있다 / 색깔을 잘 기억한다
자기 말을 들어주는 사람에게 집중한다
감정적이다 / 열정적이다
유쾌하다 / 호기심이 많다
무대 매너가 좋다 / 눈이 크고 순수하다
현재의 삶을 중요시한다
기질이 상황에 잘 적응 한다
마음 속으로는 진지하다
항상 어린 아이와 같다

일
자발적으로 일한다
새로운 활동들을 생각해 낸다
표면적으로는 그럴듯해 보인다
창조적이고 색깔이 풍부하다
에너지와 열정을 가지고 있다
화려하게 시작한다
다른 사람들의 참여를 유도한다
다른 사람들을 매혹시켜 일하게 만든다

친구
친구를 사귄다
사람들을 사랑한다
칭찬하는 것을 보람으로 삼는다
매우 신이 나 보인다
다른 사람들의 부러움을 산다
인색하지 않다 / 빨리 사과한다
지루한 순간을 방지한다
자발적인 활동을 좋아한다

담즙질 - 파워가 있다

감정
타고난 지도자다
역동적이고 활동적이다
변화의 필요성을 절실히 느낀다
잘못된 것을 바로잡아야만 한다
의지가 강하고 단호하다
감정에 흔들리지 않는다
쉽게 낙심하지 않는다
독립적이고 자족적이다
자신감을 발산한다

일
목표 지향적이다 / 전체를 본다
조직을 잘 한다 / 실제적인 해결책을 찾는다
빨리 행동한다 / 일의 권한을 위임한다
생산량을 달성한다
목표를 설정한다
활동을 자극한다
반대를 잘 극복한다
무슨 사업이든 운영할 수 있다

친구
친구의 필요성을 느끼지 못한다
그룹활동을 좋아한다
리더가 되고 조직한다
항상 경우에 바르다
긴급한 상황에서 탁월한 능력을 발휘한다

우울질 - 완벽하다

감정
생각이 깊다 / 분석적이다
진지하고 목적 지향적이다
천재적 자질이 있다
재능 있고 창조적이다
예술적, 음악적이다 / 철학적, 시적이다
아름다움을 감상할 줄 안다
다른 사람에게 민감하다
자기 희생적이다 / 양심적이다
이상주의적이다

일
스케줄 중심적이다
완벽주의자다
작은 일을 의식한다 / 끈질기고 철저하다
질서정연하고 조직적이다
깔끔하고 단정하다 / 경제적이다
문제를 안다 / 마무리를 잘 한다
도표, 그래프, 숫자, 목록들을 좋아한다

친구
조심스럽게 친구를 사귄다
뒤에 물러나 있어도 만족한다
주의를 끄는 것을 피한다
신실하고 헌신적이다
불평을 잘 들어준다
다른 사람의 문제를 해결해 준다
동정심이 많다
연민의 정이 많다

점액질 - 온화하다

감정
감정을 자제하는 성격이다
쉽고 편안하다
조용하고, 냉정하고, 침착하다
인내심이 많고 균형감각이 있다
일관성 있는 생활을 한다
재치가 있다 / 공감하고 친절하다
감정을 잘 드러내지 않는다
행복하게 삶을 산다
만능인간이다

일
유능하고 착실하다
편안하고 상냥하다
행정적인 능력을 가지고 있다
문제에 대해 곰곰이 생각한다
갈등을 피한다
억압을 받아도 잘 견딘다
쉬운 길을 잘 찾는다

친구
사귀기가 쉽다
상냥하고 유쾌하다
악의가 없다
남의 말을 잘 들어준다
꾸밈이 없다
사람들을 잘 관찰한다
친구들이 많다
동정심과 관심이 많다

다혈질 - 인기가 있다

감정
말을 많이 한다 / 과장한다
사소한 일에 신경을 쓴다
이름을 잘 기억하지 못한다
다른 사람에게 겁을 준다
지나치게 행복하다
정력이 넘친다 / 독선적이다
허세를 부리고 불평한다
고지식하다 / 큰 소리로 말하고 웃는다
환경의 지배를 받는다
쉽게 화를 낸다
어떤 사람에게는 사기꾼처럼 보인다
성장하지 못한다

일
말을 더 좋아한다
의무를 잊어버린다
사후 조치를 취하지 않는다
자신감이 급속히 사라진다
규율이 없다
질서가 없다
감정으로 결정한다
주위가 산만하다
말하느라 시간을 낭비한다

친구
혼자 있기를 싫어한다
무대 중심에 서기를 좋아한다
인기를 원한다 / 인정받고 싶어한다
대화를 주도하려고 한다
남이 말할 때에 끼어 들고 잘 듣지 않는다
다른 사람을 대신해서 대답한다
변덕스럽고 건망증이 심하다
실수가 많다
이야기를 반복한다

담즙질 - 파워가 있다

감정
으스댄다
인내심이 없다
성질이 급하다
편안히 있지를 못한다
충동적이다
논쟁을 좋아한다
졌는데도 포기하지 않는다
너무 강하다
융통성이 없다
칭찬하지 않는다
눈물과 감정을 싫어한다
무정하다

일
실수를 참지 못한다
사소한 것은 분석하지 않는다
사소한 일은 귀찮게 여긴다
경솔하게 결정한다 / 거만하거나 무뚝뚝하다
사람을 조종하려 든다
다른 사람들에게 요구하는 것이 많다
목적이 수단을 정당화 시킨다
일이 우상이다
부하들에게 군림한다

친구
사람을 이용하는 경향이 있다
다른 사람들을 지배한다
남의 일을 대신해서 결정한다
모든 것을 다 아는체 한다
모든 일을 더 잘하려고만 한다
너무 독립적이다
친구나 배우자를 소유한다
"미안합니다." 라는 말을 하지 않는다
옳지만 인기가 없다

우울질 - 완벽하다

감정
부정적인 것에 집착한다
우울하다 / 상처받는 것을 즐긴다
자아 의식이 낮다 / 다른 세상에서 산다
자신을 과소 평가 한다
선택적으로 듣는다
자기 중심적이다 / 너무 내성적이다
죄의식을 가지고 있다
피해망상증이 있다
우울증이 있다

일
사람 중심이 아니다
완벽하지 못한 것을 싫어한다
어려운 일을 선택한다
새로운 일을 시작하기를 주저한다
계획하는데 너무 많은 시간을 보낸다
분석하기를 좋아한다 / 자신을 비하한다
기쁘게 해 주기 어렵다 / 기준이 너무 높다
인정받기를 좋아한다

친구
다른 사람들을 통해서 사귄다
사회적으로 불안정하다
뒤로 멀리 물러난다
다른 사람들을 비판한다
감정 표현에 장애가 있다
반대하는 사람들을 싫어한다
의심이 많다 / 대립하고 복수심이 강하다
용서하지 않는다 / 모순으로 가득 차 있다
칭찬을 의심한다

점액질 - 온화하다

감정
열정적이지 못하다
두려움과 걱정이 많다
우유부단하다
책임을 회피한다
과묵하지만 고집이 세다
이기적이다
너무 부끄러워하고 말 수가 적다
너무 타협적이다
독선적이다

일
목표 중심이 아니다
자기 동기 부여가 부족하다
움직이지 않는다
강요받으면 분개한다
게으르고 경솔하다
다른 사람들을 실망시킨다
구경하기를 더 좋아한다

친구
열정에 찬 물을 끼얹는다
참여하지 않는다
흥분하지 않는다
계획에 무관심하다
다른 사람을 판단한다
남을 비꼬고 들볶는다
변화를 싫어한다

◎ 당신은 도표1에서 우리가 4가지 기질들에 대해 수식어를 추가한 것을 보았을 것이다. 즉 인기 있는 다혈질, 파워 있는 담즙질, 완벽한 우울질, 온화한 점액질 등이다. 우리는 어떤 기질이 어떤 특성을 가지고 있는지 기억하는데, 이 용어들이 도움이 된다는 사실을 발견했다. 우리가 어떤 특성들을 강점들이라고 부르고 있지만 도표2에서 보여주듯이 그것들이 극단적으로 치우쳤을 때에는 오히려 약점이 되고 심지어는 강박 현상이 되기도 한다는 사실에 주목하는 것이 중요하다.

[도표2]

강점들이 극단적으로 치우친 경우

인기 있는 다혈질

타고난 강점들	극단적으로 치우친 경우	강박 현상
사람을 끄는 성격이다.	매력과 재치에 의존한다.	사이비 예술가가 되거나 결혼을 여러 번 하게 된다.
이야기하기를 좋아한다.	수다스럽다.	말을 해야 안정감을 느낀다.
쇼핑을 좋아한다.	충동 구매를 한다.	쇼핑을 병적으로 좋아해서 빚에 쪼들리게 된다.
파티의 주인공이다.	너무 시끄럽고 난폭하다.	자신을 바보로 만들며, 지나치게 파티에 집착하게 된다.

파워 있는 담즙질

타고난 강점들	극단적으로 치우친 경우	강박 현상
타고난 지도자다.	권위에 도전하면 화를 낸다.	권력에 집착한다.
단호하다.	다른 사람을 대신해서 결정한다.	자신의 방식대로 조종한다.
역동적이고 활동적이다.	충동적인 선택을 한다.	불합리한 사람이 된다.
일을 사랑한다.	비정상적으로 일한다.	일 벌레가 된다.

완벽한 우울질

타고난 강점들	극단적으로 치우친 경우	강박 현상
스케줄 중심적이다.	스케줄이 없으면 일을 못한다.	시간 엄수에 집착한다.
건강과 영양에 대한 지식을 가지고 있다.	끊임없이 외모에 주목한다.	우울증에 걸린다.
산뜻하고 깨끗하게 옷을 입는다.	완벽하게 처리하지 않으면 진행이 안 된다.	끊임없이 씻고, 외모에 대해 지나치게 신경을 쓴다.
모든 일을 완벽하게 처리하기를 원한다.	다른 사람들도 완벽해지기를 원한다.	사소한 일에 간섭하고 끊임없이 비판한다.

온화한 점액질

타고난 강점들	극단적으로 치우친 경우	강박 현상
감정을 자제한다.	감정을 숨긴다.	모든 감정을 차단한다.
일을 쉽게 처리한다.	다른 사람에게 결정권을 맡긴다.	어떤 결정도 할 수 없다.
협조적이다.	기준을 타협한다.	쉽게 인질이 된다.
동기 부여가 적다.	게으르게 뒤에 앉아 있다.	태도를 바꾸기를 거부한다.

당신이 체크한 단어들을 기질 특성 프로필 테스트에서 기질 특성 점수표에 옮긴 후, 점수를 계산해 보라. 그리고 어떤 기질에서 가장 높은 점수를 얻었는지 살펴 보라. 결과에 대해 의심이 간다면 프로필을 왜곡시켰을 가능성도 고려해 보라.

1. 테스트를 부정확하게 했을 수도 있다.
   40개의 항목들(강점 20개와 약점 20개)마다 각각 하나씩만 체크해야 한다.
   때때로 체크를 빠뜨리는 사람도 있고,
   한 단어 이상에 체크하는 사람도 있으며,
   심지어는 가로줄에 하나가 아니라 세로줄에 하나를 체크하는 사람도 있다.

2. 체크한 단어를 잘못 옮길 수도 있다.
   예를 들자면, 점수표 상 같은 단어에 체크하지 않고,
   같은 위치에 체크하는 경우도 있다.

3. 정직하게 체크를 해야 함에도 불구하고,
   남에게 잘 보이고 싶거나 훌륭한 크리스천처럼 보이고 싶어서
   부정직하게 체크할 수도 있다.

4. 자신에 대해 잘 모를 수도 있고 설명이 필요한 경우도 있다.

비전북은 줄과추_{도서출판} 와 하늘사다리가 연합하여 설립한 출판사로서
오직 믿음으로만 살았던 개혁 신앙을 계승 발전시키고
다시 오실 주님의 길을 예비하는 마음으로 21세기에도 역동적인 신앙을 세우는데
꿈과 비전을 품고 예배와 삶의 일치를 이루는 출판 공동체입니다.

인간 관계 이렇게 하면 쉬워진다

저자 : 플로렌스 리토어 / 역자 : 박 진 호
발행처 : **비전북출판사**
전화 : (02)966-3090 / 팩스 : (02)3293-6620
공급처 : **비전북**
전화 : (031)907-3927 / 팩스 : (080)403-1004

값 8,500원

 예배와 삶의 일치

복음에는 하나님의 의가 나타나서

믿음으로 믿음에 이르게 하나니; 기록된바,

"오직 의인은 믿음으로 말미암아 살리라" 함과 같으니라.

로마서 1 : 17